Mme Arthur

Vol. 3

Mme Oliphant

Writat

Cette édition parue en 2024

ISBN : 9789359948157

Publié par
Writat
email : info@writat.com

Contenu

CHAPITRE I.

C'était comme un rêve quand tout était fini, si serré à la fin, si apparemment sans cause ; l'explosion soudaine d'insatisfaction et d'échec accumulés éclatant en un instant, une tempête venant d'un ciel clair, pour ainsi dire. Il n'y avait aucune raison valable pour la catastrophe ; Il y avait eu auparavant de plus grands troubles entre eux, des disputes plus violentes ; peut-être était-ce parce qu'il n'y avait jamais eu de témoins auparavant, et que la menace n'était jamais venue du côté d'Arthur. Lorsqu'il quitta Underhayes, presque enlevé par Durant, mais avec de nombreuses blessures au cœur qui, avec le temps, au moins, pourraient tuer l'amour qui était encore chaud en lui, Arthur ne pouvait considérer sa vie conjugale que comme un rêve. Nancy avait refusé de le voir. Elle ne prendrait aucun arrangement, n'écouterait aucune condition, ne ferait aucune promesse ; en effet, elle ne communiquait avec son mari ou son ami que par l'intermédiaire de ses parents, et refusait de dire quoi que ce soit sinon que tout était fini, qu'elle ne voulait plus jamais entendre le nom d'Arthur. Le père et la mère étaient sans aucun doute profondément bouleversés. Mme Bates était, dans l'ensemble, une femme sensée qui, même si elle pouvait être disposée à soutenir sa fille mariée dans une certaine dose de folie et d'impétence quant aux honneurs et privilèges qui n'étaient « rien de plus que ce qu'elle avait ». avait le droit de », était pourtant horrifié par la notion de divorce pratique et de disjonction comme celle-ci ; et son mari non seulement partageait cette horreur morale, mais était profondément excité à l'idée d'avoir de nouveau entre ses mains sa fille, qu'il croyait nourrie. Durant tout ce long dimanche et pendant quelques jours après, Durant ne fit qu'aller et venir entre les deux chambres avec des propositions de toutes sortes. Si Nancy ne revenait pas, rejoindrait-elle Arthur à Londres et irait-elle à Oakley avec lui ? Si elle n'allait pas à Oakley, irait-elle à Vienne, où ils pourraient prendre un nouveau départ, après avoir tous deux, il faut l'espérer, appris une formidable leçon ? À toutes ces suggestions, Nancy répondit non. Elle restait à l'étage, verrouillant sa porte, lorsque son mari lui-même arrivait. Non, elle ne ferait rien. Elle n'irait pas chez ses amis pour se faire mépriser. Elle n'irait pas à l'étranger avec lui pour être malheureuse. Il savait à quel point elle détestait les pays étrangers. Elle ne voulait pas rentrer chez lui ni le voir pour discuter de ces questions. Il pouvait aller où il voulait, elle ne se mettrait pas en travers de son chemin. Elle ne lui ferait pas honte parmi ses bons amis. Personne ne devrait dire qu'elle était un fardeau pour son mari. Il est impossible d'imaginer quelque chose de plus confus, de plus agité, de plus fiévreux que le cours de ces journées douloureuses ; mais à la fin, même Arthur comprit que cela ne pouvait plus durer. De nombreux petits indices d'un état de choses dont il n'avait jamais rêvé et qui était fatal à l'estime de soi qui est dans le sein de tout homme, travaillaient sur l'esprit du pauvre jeune homme autant que le grief réel du moment. Qu'il ait été considéré comme un bon parti était peut-être inévitable dans les circonstances ; mais même cela n'est pas agréable ; et savoir que votre femme est allée chez son père se plaindre de vous, c'est une offense que peu d'hommes pourraient facilement pardonner. Tout cela produisit dans l'esprit d'Arthur une impression d'irréalité douloureuse du passé qu'il n'y a rien de plus blessant, de plus amer sur terre. Que l'amour échoue et que les cœurs changent est déjà assez grave ; mais que l'amour auquel vous avez cru implicitement n'aurait jamais existé, que votre affection aurait dû être considérée comme une question d'avantage mondain et que votre conduite aurait dû être discutée avec d'autres, quelle pensée peut piquer plus profondément ? Cela a détruit non seulement la confiance d'Arthur en sa femme, mais aussi sa foi dans la vie qu'ils avaient vécue ensemble. Jusqu'à présent, c'était sa trop grande sincérité, son incapacité à faire semblant, pensa-t-il, le pauvre garçon, qui avaient été leur roc. Et maintenant, tout n'était pas sincère, tout était simulé du début à la fin ? Sa tête semblait tourner, et le monde vertigineux l'accompagnait, et cette colère « qui agit comme une folie dans le cerveau », la colère qui est à moitié amour, et qui ressent chaque blessure avec une double aggravation du ressentiment, mais pourtant ardente, pris possession de son esprit. C'est dans cet état qu'il quitta Underhayes. Durant avait pris, au nom d'Arthur, les arrangements les plus minutieux pour Nancy avec son père. Elle devait conserver la villa si elle le souhaitait, ainsi que la moitié de l'allocation que Sir John donnait à son fils. Arthur aurait tout donné si cela avait été possible. Dans l'état actuel des choses, elle serait aisée, capable de faire ce qu'elle voudrait, selon son éducation, d'aider sa famille, d'occuper une place importante parmi elle. Le pauvre jeune homme pensa avec amertume que cela lui serait plus agréable que n'importe quelle élévation qui aurait pu lui parvenir avec lui ; et peut-être, en effet, il y avait une raison à cela, car les élévations qui pouvaient lui parvenir en tant qu'épouse d'Arthur étaient, dans un sens, des humiliations. Tout le monde dans son rang la regardait avec émerveillement, avec curiosité et suspicion, comme s'il s'agissait d'une créature d'une autre race. Ses actions ont été scrutées, ses petites imperfections notées comme elles n'auraient jamais été autrement. Tandis qu'en tant que membre le plus riche de la famille, celle qui se tenait au-dessus d'eux à la fois par nature et par position, la déesse et la beauté de la famille, et le membre le plus prospère, Nancy était admirée et adorée. Il n'était peut-être pas étonnant qu'une jeune créature sans aucun sens du devoir, qui s'attendait simplement, comme le disait Arthur, à être rendue heureuse, flattée, courtisée et caressée dans son mariage, et à qui tant de déception était venue. préférer la position dans laquelle elle pourrait retrouver un peu de l'orgueil et de la complaisance qui lui étaient naturels. Le premier coup qui frappe cette complaisance, comme il est terrible ! Et Nancy avait été abattue, même si elle ne voulait pas l'admettre, par le sentiment de désapprobation universelle, par le manque même de confiance en elle-même.

Et il serait impossible de décrire l'étrange désolation et le sentiment que tout était fini, avec lesquels cette fille volontaire et impétueuse s'est réveillée dans sa misère le matin après le départ d'Arthur. La probation des derniers mois avait été très mauvaise pour Nancy. Elle n'était pas tout à fait indigne, comme le pauvre Arthur était enclin à le penser, de la plus haute opinion qu'on s'était formée d'elle ; en fait, c'était l'élément le plus raffiné de sa nature qui l'avait égarée dans la tension et l'épreuve finales. Celle qui avait été la supérieure de sa famille, élevée au ciel poétique de l'adoration d'un jeune amant, avait aussitôt plongé, après son mariage, dans un abîme sans fond d'infériorité et d'humiliation. Cela avait commencé le jour de son mariage avec la vision de Lucy, chez qui ses yeux jaloux, soudain éclairés, avaient vu d'un seul coup d'œil tant de différences, tant de raffinements inconnus d'elle — et avec l'objection d'Arthur à sa robe couleur saumon. Puis son ignorance, son désir même de connaître le monde le plus élémentaire qu'il connaissait, furent rappelés à la jeune fille alarmée et pleine de ressentiment qui l'entourait. Plus elle se sentait déficiente, plus la fureur contenue dans son cœur contre elle-même, ses biens, son éducation et les nouvelles circonstances qui mettaient en évidence toutes leurs déficiences montait en elle. L'orgueil d'abord, et la vanité d'une jeunesse flattée et admirative s'étaient élevés sauvagement contre le besoin apparent de perfectionnement, d'éducation et de culture, qui seuls l'auraient préparée à être l'épouse d'Arthur ; et si elle rejetait avec un dégoût fier et une affirmation de soi l'idée de s'améliorer en elle-même, à quoi servait-elle sinon de tourner le dos au monde d'Arthur et de l'entraîner dans le sien, où elle était à son aise, où elle était toujours la d'abord, que s'est-il passé ? Cependant, cela n'avait pas satisfait l'esprit de Nancy. Elle n'avait pas été plus satisfaite ici qu'ailleurs. Le simple fait de retirer son mari dans cette ambiance villageoise, qu'il soutenait patiemment ou avec impatience, selon l'humeur du moment, mais toujours avec effort, était en soi un aveu d'échec. Elle n'était pas digne de la société de ses égaux ; et lui, n'était-il pas inapte au sien ? Nancy ne s'était dit aucune de ces choses, mais elles surgissaient toutes en elle, la poussant, par leur tumulte et leur agitation mêmes, à s'engager de plus en plus entièrement dans cette voie insensée et erronée.

Personne ne savait mieux qu'elle à quel point c'était stupide et faux ; mais plus sa conviction grandissait, plus sa détermination était ingouvernable de ne se laisser arrêter par personne, de ne céder à personne, de s'affirmer comme l'égale ou la supérieure de tous, réclamant à elle seule toute la considération qu'une princesse pouvait commander. Elle n'avait jamais mis des mots sur ces sentiments, si passionnés et véhéments qu'ils fussent, et elle n'avait jamais personne au monde à qui elle pût les confier. Pauvre fille! le conflit dans son esprit était souvent inexprimable ; mais elle s'était accrochée désespérément tout au long de ce support le plus variable et le plus pauvre de son orgueil personnel. Et cela l'avait conduite à toutes sortes de folies, comme on l'a vu, et enfin à cette folie culminante. Elle resta sans sommeil toute la nuit et pleura en pensant à Arthur. Ce serait mieux pour lui. Ce regard anxieux ne passerait plus sur son visage, ce regard qui l'avait rendue folle et la rendait plus grossière et plus affirmée que jamais, cette anxiété quant à son comportement et à son apparence qui la faisait frissonner à l'idée qu'elle était toujours en vie. Nancy Bates, et serait toujours jugée comme telle, quoi qu'il arrive. Il ne serait plus dérangé par Nancy Bates désormais. Il retournait sans entrave parmi ses bons amis, là où personne ne se trompait en matière de tenue vestimentaire et où tout le monde connaissait comme ABC ce qui était pour elle un mystère. Il serait libre ; Nancy sauta dans son lit en serrant les mains, les yeux lourds, la tête brûlante, le cerveau presque fou de passion : il serait libre ! et elle est partie d'ici pour être raillée, sourie et montrée du doigt — une épouse, une femme qui avait été abandonnée. Alors ce furieux sentiment d'humiliation se fondait et éclatait en un sentiment de quelque chose de mieux qu'elle avait caché, que personne n'avait jamais connu. Elle avait été un échec ; mais qui l'aimerait autant qu'elle parmi toutes les belles personnes qu'il pourrait rencontrer ? qui penserait autant à lui ? En pensant à lui, elle n'avait apporté que peu de bonheur à Arthur ; son amour avait été comme un feu qui brûlait et carbonisait plutôt qu'un feu qui réchauffait et réjouissait - mais néanmoins, si quelque chose lui arrivait, si des ennuis survenaient sur son chemin, qui serait fidèle comme sa femme, fidèle jusqu'à la mort, prêt à affronter tous les dangers pour lui ; mais ça, il ne le saurait jamais. Les convulsions de sentiments qu'elle éprouva ainsi rendirent heureusement Nancy malade. Pendant un jour ou deux, elle fut fiévreuse et garda son lit, où sa mère et ses sœurs la servaient avec soin. Ils n'avaient jamais manqué de gentillesse ni d'affection, mais ils étaient maintenant plus inquiets, plus préoccupés que jamais, car Nancy était toujours la grande personne de la famille. Elle était riche en comparaison avec eux. Elle avait sa propre maison – c'était une dame. D'innombrables bénéfices pourraient leur parvenir de ses mains. Cela n'était pas nécessaire pour rendre ces bonnes personnes respectueuses de leur chair et de leur sang ; mais de telles considérations réchauffent et vivifient néanmoins le sentiment humain. Ils n'aimaient pas Nancy pour ce qu'elle avait à donner, mais le fait qu'elle avait quelque chose à donner ne diminuait pas leur affection. Ils ont fait taire la maison et l'ont gardée tranquille, rendant la vie de Charley misérable, et le père étant un fardeau pour lui, pour le bien de Nancy. C'était ses nerfs, la pauvre, disaient-ils, et tout devait céder le pas aux nerfs de Nancy, choses jusqu'alors inconnues dans la maison.

Cependant, lorsque Nancy descendit enfin, après son accès de maladie, elle éprouva non seulement l'horrible sentiment de recommencement qui déchire l'âme après toute grande calamité, mais aussi une soudaine et fantastique augmentation de misère dans le dégoût qui s'empara de lui. elle pour tout son environnement. Non seulement elle avait une nouvelle vie à commencer sans Arthur, sans espoir, sans aucun élargissement futur possible de son horizon ; mais la maison qu'elle avait recherchée avec tant d'anxiété et à laquelle elle s'était accrochée contre Arthur et contre lui, changea soudain d'aspect pour elle. Elle l'a ressenti le premier après-midi lorsqu'elle est descendue soutenue, bien que cela ne fût pas nécessaire, par sa mère inquiète, et qu'elle a été placée dans le vieux fauteuil près du feu qui brûlait vivement, bien que ce ne soit pas nécessaire non plus, sur cette douce cheminée. après-midi de printemps. A peine était-elle assise dans la chaise, qui était celle de son père, près du feu et de la petite console en acajou sur laquelle il posait son rhum et son eau, que cette soudaine répulsion la saisit. Le soleil de l'après-midi brillait dans la pièce, trahissant de la poussière là où on ne s'y attendait pas, montrant les imperfections de tout : le vieux canapé en cilice dans le coin, le tapis pas très propre, la table recouverte de toile cirée peinte. La méchanceté, la petitesse, la pauvreté semblaient être entrées dans les moindres détails. L'air était trop chaud, et il n'était pas frais, mais il gardait les odeurs du dîner, de la bière et du fromage avec lesquels il s'était terminé ; car Mme Bates n'aimait pas ouvrir la fenêtre pour rafraîchir l'air du malade. Quel sort était tombé sur cette chambre qu'elle avait tant désirée et où elle était revenue avec tant de contentement ? Comme cet endroit avait l'air mesquin, quel endroit étroit et dérisoire, peu charmant, peu doux ! Et c'était là qu'elle avait entraîné Arthur ! c'était la pensée qui traversait comme une flèche l'esprit de Nancy. Ils apportèrent un petit plateau avec du thé et des muffins chauds pour tenter son appétit invalide, et Mme Bates fut à la fois alarmée et vexée lorsqu'elle le repoussa d'un air maussade et refusa de manger.

« Vous savez tous que je ne supporte pas les muffins ! » s'écria Nancy en le repoussant brutalement ; et sa propre action la rendait malade de dégoût d'elle-même alors qu'elle remarquait inconsciemment à quel point c'était impoli, disgracieux et ingrat. Oui, elle était comme ici, grossière, mal élevée, pas une dame ! Elle aurait pu pleurer, mais elle était trop fière pour pleurer, et au lieu de ce soulagement innocent dans son esprit, elle s'irritait dans sa misère et trouvait à redire sur tout. "Oh, comme il fait chaud !" s'écria-t-elle, comment peux-tu vivre dans cette atmosphère étouffante ? On croirait qu'on est toujours en train de dîner, tellement c'est étouffant – ouvre la fenêtre, par pitié ! Mais quand la fenêtre fut ouverte, elle se mit à frissonner. "Il n'y a pas un coin qui soit hors du courant", a-t-elle déclaré. Rien de ce qu'ils faisaient ne lui plaisait. Les manières bruyantes de Sarah Jane, alors qu'elle balayait, renversant une chaise ici et un repose-pieds là, balayant la table, étaient insupportables, et la tranquillité sage de Matilda n'était guère meilleure. Tout irritait Nancy. Et c'était là qu'elle avait amené Arthur ! et il avait été en colère de ne pas être ravi ; et maintenant Arthur était parti pour ne plus jamais être retrouvé. Oh, comme son cœur se serra dans son sein misérable ! Puis vint le thé, le plateau posé sur la toile cirée, et cette fois des toasts chauds lui furent apportés à la place des muffins. La salle était pleine maintenant, son père et Charley s'ajoutèrent au groupe de femmes. M. Bates la regarda en entrant, assis sur sa chaise, avec un « humph ! de désapprobation. Allait-elle non seulement échouer au regard de tous leurs espoirs, mais aussi prendre sa place et mettre tout le monde à la porte ? Nancy vit ce regard et sursauta avec un vif ressentiment.

"Oh, tu auras ta chaise!" cria-t-elle, et elle se retira sur le canapé, où sa mère craignait qu'elle ne prenne froid, si loin du feu. "Froid!" s'écria Nancy, "Je pense que je ne serai plus jamais cool. Vous ne savez pas à quel point il fait étouffant dans cette petite pièce étroite.

"Sur ma parole!" dit Sarah Jane. « Personne n'est obligé de rester ici. C'est assez bien pour nous, et cela pourrait l'être aussi pour Nancy. Je ne pense pas qu'elle soit meilleure que les autres.

« Oh, taisez-vous, Sarah Jane », s'écria Mme Bates ; « Ne vois-tu pas que ta pauvre sœur est malade et de mauvaise humeur ? Mais elle n'aimait pas non plus entendre le salon traité d'étouffant. Si c'était assez bien pour les autres, pourquoi n'était-ce pas assez bien pour Nancy ? Et puis la famille s'installa dans ses occupations du soir, et on apporta la lampe, qui ajoutait l'odeur de paraffine à celle du thé. Et puis M. Bates a bu son rhum et son eau ; et M. Raisins sont venus rendre visite à Sarah Jane. Il est arrivé avec un salut plein d'esprit à la famille, ce qui les a tous fait rire.

"Nous y revoilà! et comment allez-vous tous ? dit-il avec une plaisanterie raffinée ; et se dirigeait vers le canapé, qui était le coin des amoureux, lorsqu'il y aperçut Nancy, et s'arrêta avec un air de consternation significatif et un sifflement prolongé de surprise. Nancy n'en pouvait plus. Elle sursauta avec un cri de colère et monta dans sa chambre, malade de dégoût et de misère.

"Est-ce que tu aimes me voir insulté, maman?" dit-elle lorsque Mme Bates la suivit. « Comment peux-tu supporter ce vulgaire garçon ? et comment ose-t-il me montrer son insolence ?

« Ma chère, dit Mme Bates, vous ne devez pas être déraisonnable. Il ne voulait pas être insolent. Si nous n'avons pas les raffinements auxquels vous êtes habituée, Nancy, vous ne devez pas pour autant oublier les avantages de votre ancienne maison... »

«Avantages!» Nancy murmura dans sa barbe, mais la fierté réprima le cri. N'avait-elle pas sacrifié sa vie pour ces avantages, n'avait-elle pas jeté sa propre existence aux vents ? Elle s'est couchée misérable et a pleuré pour s'endormir.

Ce n'était qu'un triste début pour une nouvelle vie. Lorsqu'elle apprit ensuite les dispositions qu'Arthur avait prises pour son confort, son premier mouvement fut de ne rien accepter.

« Je ne suis pas sa femme, s'écria-t-elle, et pourquoi devrais-je prendre son argent ? Je ne prendrai pas son argent. Que suis-je pour Arthur maintenant qu'il doit m'entretenir ? C'est comme recevoir la charité.

Mais c'est ici qu'intervint M. Bates, qui avait une certaine autorité dans ces domaines, voire une grande influence dans d'autres domaines. M. Bates ne supporterait aucune bêtise. C'était déjà assez grave que la responsabilité de sa fille et son comportement de femme mariée séparée de son mari incombent à ses parents ; mais son soutien ne devrait certainement pas le faire, il en était clair. Et Nancy, fraîchement sortie de tous ces conflits et de toutes ces misères, était intimidée devant son père et n'osait pas lui résister, malgré tous ses efforts pour se défendre. Elle qui n'avait pas cédé à l'amour et à la générosité d'Arthur, céda à la décision pratique du percepteur d'impôts. Elle ne pouvait pas s'en empêcher. Et après quelques jours de misère croissante dans ce « foyer » pour lequel elle avait tant sacrifié, Nancy était heureuse de se retirer dans la villa avec la sage Matilda pour compagne, et de recommencer comme elle pouvait le mieux dans un environnement aussi changé et déchu. Dans ces circonstances, la carrière a été si perversement interrompue. C'était au moins un soulagement de s'éloigner du salon étouffant, du rhum et de l'eau, de l'esprit et des fréquentations de l'épicier — tout ce que, Dieu lui pardonne, elle avait demandé à son mari de supporter.

Curieusement, deux ans plus tard, la famille Bates et presque toutes ses traces disparurent d'Underhayes. Rien ne leur était arrivé durant toute la vie de Nancy jusqu'à son mariage – rien d'excitant. Il n'y avait eu ni malheur ni grand succès dans la maison ; mais tout s'était déroulé avec une régularité monotone, sans intérêt, sans inquiétude. M. Bates avait obtenu une légère promotion, et ils avaient économisé très peu d'argent, et pour le reste, ils avaient mangé et bu, dormi et réveillé, et tout s'était passé comme si cela pouvait continuer ainsi pour toujours. Ainsi coule le courant tranquille de la vie, dans de nombreux cas, pendant des années et des années, jusqu'à ce qu'enfin le cycle de changement commence et que tout ce qui a été fait soit défait. Le mariage de Nancy fut le premier événement familial, mais il fut suivi de près par d'autres. Charley s'est rendu en Nouvelle-Zélande peu de temps après la séparation entre Arthur Curtis et sa femme. Puis peu de temps après le mariage de Sarah Jane. Puis M. Bates, au milieu de sa collecte d'impôts, eut un accident, et après s'être attardé pendant un certain temps, il mourut ; et Mme Bates, une personne d'une constitution apparemment robuste, à la fois physique et mentale, a développé tout d'un coup, au grand étonnement de sa famille et de ses amis, une incapacité à vivre sans l'homme pour lequel elle n'avait pas été très enthousiaste ou dévouée. , de son vivant, et mourut à son tour, laissant sa maison désolée. Matilda, seule représentante du nom, aurait rejoint Charley en Nouvelle-Zélande sans sa sœur, pour qui elle s'était révélée une compagne discrète et fidèle. Cependant, après que la petite maison fut débarrassée et que tous les vieux meubles furent dispersés, vendus ou déposés dans la maison des Raisin pour leur usage futur, les deux sœurs aînées disparurent, personne, sauf peut-être Sarah Jane, qui n'en dit rien, sachant où. Le petit salon a disparu, comme tous les thés et dîners qui y avaient été consommés, et l'existence de la famille a pris fin. Malgré les événements émouvants qui s'y étaient déroulés et le lien momentané qui s'était tissé entre elle et les classes supérieures de la société, son histoire se répétait comme une bulle, comme la neige sur la montagne et l'écume sur la rivière. Le même sort arrive aux petits et aux grands ; mais dans le cas d'un percepteur d'impôts, la conclusion est plus complète que celle qui arrive aux classes supérieures, que M. Bates respectait tant. Mort, émigration, mariage, disparition se succèdent ainsi rapidement. La jeune Mme Raisins, épanouie dans sa boutique, où cependant son époux ne lui permettait pas de paraître subvenir aux besoins d'un public vulgaire, la maintenant au contraire dans un grand bonheur et une grande splendeur, et sans lui demander de le faire. faire n'importe quoi, dans son salon au-dessus du magasin, seule restée de la famille à Underhayes. Et quant à Nancy, personne ne savait rien d'elle, ni où elle était allée.

CHAPITRE II.

TOUT s'est déroulé très tranquillement à Oakley pendant ces deux années. La visite d'Arthur à la maison fut très brève et peu animée. Et s'il y eut un sentiment temporaire de soulagement dans l'esprit de Lady Curtis de savoir qu'il avait échappé à l'influence de « ces gens » et de « cette jeune femme », il disparut bientôt en présence des regards mélancoliques d'Arthur et dans la contemplation du douloureux position d'un homme si jeune, qui était marié et pourtant non marié, et dont le chemin, par conséquent, ne pouvait qu'être semé d'épines et de troubles. Une telle position est dangereuse et difficile dans tous les domaines ; mais combien plus encore dans celui vers lequel il allait, où toutes les tentations de la société envelopperaient le jeune homme et où toutes les libertés lui seraient accordées ! La mère et la sœur eurent de nombreuses discussions à son sujet ; mais comme il était difficile de l'interroger à ce sujet, de fouiller dans ses arrangements qu'il ne voulait pas révéler, ni de lui demander quoi que ce soit sur les causes finales de la séparation ! Arthur, de son côté, ne s'exprima pas sur le sujet ; à son arrivée, il leur avait d'abord fait savoir, en quelques mots, que sa femme et lui s'étaient séparés. « Ne me pose pas de questions, car je ne peux pas vous le dire. Je ne sais pas comment c'est », avait-il dit à sa mère. « Elle ne se conformera pas à ma façon de vivre, et je ne peux pas me conformer à la sienne, c'est tout. Il n'y a aucun blâme ; mais comment cela s'est-il produit, ne me demandez pas, car je ne le sais pas. Lady Curtis respecta absolument la demande et ne lui demanda plus rien. Mais il va sans dire combien le sujet l'intéressait ; et avec quel empressement elle s'efforçait d'obtenir des informations qu'Arthur ne fournirait pas autrement. Durant lui raconta tout ce qu'il savait personnellement, tout ce qui se passait sous ses propres yeux ; mais ce n'était pas beaucoup plus satisfaisant que le silence d'Arthur. "Il a l'air de penser qu'elle n'avait pas tellement tort après tout", a déclaré Lady Curtis. «Je ne comprends pas Lewis. On croirait presque, d'après les lettres qu'il écrit, qu'elle l'avait ensorcelé aussi.

"Je ne pense pas", dit rapidement Lucy, avec un regard passager sur son visage qui surprit sa mère.

"Je ne veux rien dire contre elle", a déclaré Lady Curtis. « Il ne faut pas supposer qu'elle ait de gros défauts. Dieu nous en préserve, Lucy ! Je ne voulais pas dire ça."

Lucy n'a fait aucune réponse. Ce n'était peut-être pas à la femme de son frère qu'elle pensait. Et quand Arthur est parti, Nancy est devenue comme si elle n'avait jamais existé pour la famille. Ils avaient les lettres d'Arthur comme au temps où rien ne l'opposait à la maison ; rien que de la simple distance et de l'absence, du temps et de l'espace, des obstacles innocents qui ne nuisent à personne, bien qu'ils soient suffisamment difficiles à supporter. Et sa femme, dont il ne parlait plus, passa au second plan auprès de son peuple. Certes, lorsqu'un jeune homme du comté, ou qu'ils connaissaient, faisait un mariage brillant et satisfaisant, Lady Curtis et Lucy se regardaient en échangeant rapidement des regards. Et Sir John entrait dans l'après-midi, s'appuyait contre la cheminée, tout en prenant sa tasse de thé, et disait avec un soupir : « Ils semblent faire beaucoup de bruit à propos du mariage du jeune Seymour.

"Oui", répondait Lady Curtis avec un autre soupir, "et ce n'est pas étonnant : rien ne pourrait être plus approprié." Ils étaient presque en colère contre le jeune Seymour parce qu'il s'était marié comme l'héritier d'une telle propriété aurait dû se marier ; et, probablement, Lucy lancerait une flèche sur le nouveau couple, par pure impatience des éloges ainsi accordés. « Tellement approprié qu'il est inutile de penser à l'amour en la matière », dirait peut-être Lucy. Et puis Sir John haussait les épaules alors qu'il se tenait devant le feu.

"Amour! ce n'est ni ici ni là-bas; si l'on pouvait rassembler toutes les folies commises au nom de l'amour ! Et il secouait sa vieille tête grise, et soupirait encore, regardant Lucy avec des yeux d'admiration alors qu'il retournait lentement à sa bibliothèque, incapable de se sortir de la tête le jeune Seymour et son beau mariage. Lady Curtis éclata d'un sourire contre son gré alors qu'il s'éloignait.

« Tu ne dois pas penser à une telle folie, Lucy, dit-elle, ton père pense qu'avec ta fortune, tu serais très heureuse sans être mariée. Il dit que seuls les pauvres doivent craindre le sort des vieilles filles. C'est un grand pas à franchir pour Sir John, qui est un véritable conservateur.

« Les vieilles filles sont-elles contre la foi conservatrice ? dit Lucy, pas désolée d'avoir quelque chose à dire.

"Oui; c'est l'ancien credo selon lequel toute femme devrait se marier, et que seuls les laids, les méchants et les peu aimables ne parviennent pas à atteindre cette fin glorieuse. Quelle démarche de principe c'est pour votre père ! *Je* ne vais pas aussi loin, même avec mes vues avancées.

Lady Curtis regardait sa fille avec curiosité pendant qu'elle parlait. Ils passèrent leur vie ensemble, heure après heure et année après année. Ils avaient tout en commun : quand la poste arrivait, ils ouvraient indistinctement leurs lettres, le dernier degré de confiance mutuelle ; lire les mêmes livres, avoir les mêmes pensées, être un dans toutes les affaires de la vie ; et pourtant, dans cette affaire la plus intime de toutes, la mère regardait sa fille avec d'indicibles désirs de curiosité, ne sachant pas ce que pensait Lucy.

Rien n'a été dit pendant un certain temps après. Le printemps était venu souffler sur les bois, et regarder entre les piliers de la façade à travers les longues fenêtres de la chambre de milady donnant sur l'avenue, c'était comme regarder un désert de bourgeons et d'espoirs. « Voici Bertie qui revient », dit-elle avec un peu d'impatience ; puis en riant : « C'en est une, Lucy, dont ton père a peur.

"Pauvre Bertie!" » dit Lucy calmement ; mais elle fut consternée lorsque sa mère fondit soudain en larmes.

« Dire, » dit Lady Curtis, « que l'enfant de Bertie, s'il avait un enfant, serait l'héritier de votre père !

"Maman!" Lucy rougit pourpre, puis rit. « Il est le deuxième fils... et Arthur... »

« Arthur n'aura jamais d'enfants », dit sombrement Lady Curtis, « si les choses ne changent pas. Et elle est jeune et forte, aussi jeune que vous – pourquoi devrait-elle mourir pour nous accueillir ? Et Gerald Curtis est un invalide errant. Ah ! il n'y a aucune crainte des Seymours : ils auront leur propre chair et leur sang après eux quoi qu'il arrive. Mais ton père est en train de devenir un vieil homme, Lucy ; et Bertie... le fils de Bertie sera l'héritier !

« Il n'est même pas encore marié ; il n'est pas nécessaire de s'inquiéter d'une éventualité aussi lointaine.

« Mais cela arrivera, » dit la mère d'Arthur, « même si c'est si lointain. Mon garçon est comme Warrington, dans « Pendennis », Lucy, coupé de la vie ; pas d'enfant pour lui, pas d'amour pour lui ; tout cela à cause d'un geste insensé, insensé, alors qu'il n'était qu'un garçon ! »

« Mais, maman ! vous ne voulez vraiment pas dire que les garçons devraient être autorisés à échapper aux conséquences de mesures aussi insensées », s'écria Lucy. « Comme c'est différent de vous de dire cela ! »

« Ah ! on devient différent de soi-même quand c'est soi-même qui souffre », dit Lady Curtis avec un soupir.

Et puis Bertie apparut, et tout sentiment fut banni de son visage. Elle discuta avec intérêt du mariage du jeune Seymour. « Rien n'aurait pu être plus approprié. Si convenable qu'on sentait que quelque chose devait s'interposer pour y mettre un terme. La fille entre toutes qu'il aurait dû épouser ! Et une charmante jeune fille, jolie, bien élevée et douce...

« J'ai entendu dire qu'ils étaient tous extrêmement satisfaits ; mais je ne l'admire pas autant que vous. Ce n'est pas le style qui me plaît », a déclaré le recteur. "Elle est trop charmante et trop sensée, et aussi tout ce qu'elle devrait être... pour moi."

« Parfaitement irréprochable », dit Lady Curtis en souriant. Elle était heureuse qu'il n'approuve pas l'épouse parfaite du jeune Seymour.

"Et elle est lourde", a déclaré Bertie. «Je la connaissais très bien. Son frère était de mon collège. Elle ne contribuera pas à la gaieté de la famille. Elle n'a pas grand-chose à dire pour elle-même.

"C'est d'autant plus approprié", dit Lady Curtis, s'éclairant visiblement, "ils sont tous lourds." Elle n'avait jamais autant aimé Bertie. Elle lui annonça la nouvelle dans la dernière lettre d'Arthur, qu'il aimait beaucoup Vienne et qu'il était heureux dans sa nouvelle position ; et terminé par une invitation à dîner. Lucy restait assise et travaillait, et se posait des questions, non sans un sourire aux coins de ses lèvres. Elle n'avait aucune objection à l'égard de son cousin, ni aucune inquiétude à son sujet dans son esprit. Il n'était « pas le style qui lui plaisait », se disait-elle avec un écho moqueur de son discours ; mais que Lady Curtis, après sa mélancolique anticipation de l'inévitable héritage du fils problématique de Bertie, puisse être si facilement apaisée, amusait sa fille. Elle laissa la conversation se poursuivre tandis qu'elle travaillait tranquillement, réfléchissant à ses propres pensées. Lucy ne trouvait peut-être pas l'idée de rester célibataire aussi attrayante que son père. Elle en souriait aussi dans ses pensées secrètes. Qui n'en sourit pas, étant jeune ? Pourquoi y aurait-il quelqu'un au monde qui ne serait pas heureux, qui n'aurait pas tout ce que l'imagination désire, l'amour et l'honneur, et tous les éclats et la sympathie que l'amour peut donner ? Lucy avait un monde privé dans lequel se retirer à des moments étranges, un monde si peuplé que son imagination ne pouvait pas accepter l'idée d'une vie solitaire. Pendant que sa mère et Bertie parlaient, elle avait ouvert sa porte secrète et était entrée, entrant dans cette vague et douce béatitude des rêves qui est plus que n'importe quelle vulgaire réalité du bonheur. Elle entendit leur conversation, mais cela ne la toucha pas. Sa tête était un peu penchée sur ce travail auquel elle était rarement aussi industrieuse, et même le sourire qui flottait sur ses lèvres était caché, ce sourire qui n'était pas pour sa famille, bien qu'elle les aimait. Lady Curtis avait fait de son mieux pour lever le rideau, pour regarder dans ce monde secret dont elle soupçonnait l'existence, mais dont elle n'avait aucune idée, aucun fil pour la guider ; mais il ne lui vint pas à l'esprit d'y penser au moment où sa fille s'y était enfuie de son côté même.

"Alors Bertie arrive", dit Sir John. « Pourquoi, Bertie ? Oui, bien sûr, il est un parent et a des droits ; mais je ne vois aucune raison pour que vous lui demandiez si souvent. On dirait que tu voulais le jeter sur le chemin de Lucy.

"Il ne sera jamais rien pour Lucy", dit Lady Curtis en souriant.

« Tout cela est très bien ; mais comment le sais-tu ? Les filles ne ressemblent à rien d'autre. Ils peuvent détester un homme une semaine et l'accepter la semaine suivante. J'ai vécu assez longtemps pour voir ça.

« Vous pensez qu'ils aiment commencer par un peu d'aversion, comme le dit Mme Malaprop… »

« Hein ? Je ne sais rien de Mme Malaprop. Je parle de ma propre observation. Je ne le mettrais pas sur le chemin de Lucy.

« Personne ne serait moins susceptible d'attirer l'attention de Lucy. Eh bien, Bertie ! il n'est plus l'égal de Lucy… »

« Comme si cela importait », dit Sir John avec un mépris discret. « Qu'est-ce qui les intéresse ? Vous avez eu un exemple ; vous devriez le savoir mieux ; et vous en aurez un autre avant de savoir où vous êtes. Vous êtes peu judicieux, je dois le dire. Peu importe à qui vous présentez Lucy, ma dame ; et si ce n'en est pas une, ce sera une autre, dit-il en concluant précipitamment lorsque Lucy entra. Les parents la regardèrent tous deux avec cette tendre admiration qui est peut-être de toutes les admirations la plus exquise. Ils n'étaient pas facilement satisfaits de Lucy. Sa tenue, ses ornements, son aspect étaient tous examinés avec des yeux exigeants ; et depuis ses cheveux brillants jusqu'au bout de son petit soulier de satin, ces deux personnes difficiles ne pouvaient supporter aucune imperfection dans cette lampe de leur vie. L'inspection de Sir John n'était pas aussi minutieuse ni aussi intelligente que celle de sa femme ; il ne pouvait pas dire ce qu'elle portait, ni s'il y avait une perfection technique dans sa toilette ; mais il était très critique sur l'effet général. Quant à Lady Curtis, elle entra dans tous les détails ; et ils furent tous deux satisfaits ; ce n'était pas rien à dire. Il y avait une petite touffe de narcisses blancs dans ses cheveux, que sa mère aimait bien, mais à laquelle Sir John secoua la tête. « Est-ce pour Bertie ? » dit-il jalousement, dans son esprit. Les filles étaient d'étranges créatures ; ils aimaient être admirés, qu'ils se soucient ou non de l'homme qui les admirait ; et sans aucun doute, elle serait victime d'un des *protégés de milady* , sinon de Bertie. Cela pensait que c'était, avec la désapprobation des fleurs, comme quelque chose ajouté à sa toilette pour l'amour de Bertie, qui fit secouer la tête à Sir John.

« Les Rolt auraient dû être ici aujourd'hui, » dit Lady Curtis ; " mais j'ai entendu dire que Mme John a pris froid chez les Seymour, et Julia est allée la soigner. "

"Julia soigne toujours quelqu'un", a déclaré Sir John.

Julia était Mme Rolt, la femme de l'agent, qui était une humble parente des Curtis ; et Mme John Rolt était l'épouse de son frère, l'avocat d'Oakenden, qui avait entre ses mains les affaires du comté.

« Elle aura tout entendu sur le mariage. Dès son retour, elle se précipitera ici, mouillée ou sèche, pour nous dire ce que portaient les demoiselles d'honneur et tout sur le petit déjeuner ; il y a longtemps, dit lady Curtis avec un soupir, qu'il n'y a pas eu de si grandes actions dans le comté ; pas depuis qu'Arthur est devenu majeur.

« Je suis heureux d'apprendre qu'Arthur s'entend si bien à Vienne, » dit le recteur en s'adressant à son oncle ; « C'est mieux que les voyages des Seymour. J'espère qu'il fera sa marque en diplomatie. Il devrait le faire avec ses capacités.

« Ah ! oui, » dit Sir John ; « Quant à faire une marque, c'est une autre chose. C'est très bien pour le moment ; mais la place d'un gentilhomme de campagne est chez lui dans son propre comté. Tout va très bien maintenant.

« Eh bien, monsieur, dit le recteur, certains d'entre nous n'ont aucune chance au-delà du comté, ou même de la paroisse ; mais quand un homme a une chance, il doit en profiter.

« Il n'y a rien de mieux que le comté, dit Sir John, et la paroisse pour un ecclésiastique. Qu'auriez-vous? Vous ne pouvez pas faire plus que votre devoir, où que vous soyez. J'espère qu'Arthur s'en tiendra au sien, et alors je ne me plaindrai pas. S'il l'avait fait plus tôt, cela aurait été mieux pour nous tous.

« Lewis Durant a beaucoup entendu parler de lui », a déclaré Lady Curtis ; « tout ce qui est le plus satisfaisant. Lewis n'est pas grand-chose dans le monde, je suppose, son travail ne le permettrait pas ; mais il entend tout au club. C'est là que vous obtenez toutes vos nouvelles. J'entends toutes sortes de choses de sa part ; et il connaît le genre de nouvelles qui sont les plus acceptables ici.

« Il y a beaucoup là-dedans, dit le recteur. « Certains hommes en font toute une affaire. Cela aide un homme à merveille ; mais si Durant progresse dans sa profession, comme vous le disiez, il ne peut pas avoir beaucoup de temps pour son club. C'est le fils du vieux Durant, le sellier, n'est-ce pas ? Comme c'est étrange que de tels hommes soient dans des clubs.

Bertie Curtis savait exactement ce qu'il faisait ; il n'était pas intimidé par le regard d'émerveillement indigné qui lui venait des yeux de Lady Curtis, ni par la lueur moins ouverte de mépris et de défi qui sortait de sous les paupières baissées de Lucy. C'était Sir John le Recteur qui était censé travailler, et non les dames, qu'il savait être des partisans de son rival. Personne n'avait jamais laissé entendre que Durant était son rival, ni que Sir John était nerveux à ce sujet ; mais il y a des choses qui se révèlent sans le secours des mots.

"Pas le fils, le petit-fils", dit Sir John. « Le vieux Durant est mort depuis longtemps et a laissé une très bonne fortune ; mais ils en ont parcouru une grande partie, je le crains. C'est la pire des fortunes réalisées dans le commerce ; ils vont aussi vite qu'ils viennent. Quant au jeune Durant, j'aimerais que la moitié des jeunes hommes des clubs soient à moitié aussi bons. Mais ce n'est pas le genre d'homme, il faut l'admettre, qu'on s'attendrait à voir familier dans nos maisons.

"Quel genre d'hommes aimez-vous voir familier dans votre maison?" » dit Lady Curtis. « Des personnes à la tête vide ? Lewis fera toujours son chemin. Il a des amis qui valent plus la peine que nous. Il va partout.

« Vraiment ? dit le recteur ; « et son métier, que devient son métier ? Son père – ou son grand-père, n'est-ce pas ? – n'aurait pas approuvé cela ; mais les avocats, même si tout le monde dit qu'ils travaillent dur, ont, je pense, beaucoup de loisirs. Comme un ecclésiastique est différent, maintenant… »

"Cousin Bertie, n'étais-tu pas à Epsom ou ailleurs l'autre jour ?" » dit Lucy, dont l'indignation était presque au-delà des mots.

"Oui; Je suis descendu avec Gérald, qui doit s'amuser, le pauvre garçon ; mais je pensais que personne ne le savait, dit précipitamment le recteur ; ce à quoi Sir John, bien que ce ne fût peut-être pas tout à fait poli, secoua la tête.

"Le gazon va très bien", a-t-il déclaré. « Cela convient assez bien à certains hommes ; mais un ecclésiastique ne devrait pas en connaître le nom, Bertie. Je n'aime pas ça pour un ecclésiastique.

« Moi non plus, monsieur ; vous avez parfaitement raison, comme toujours. J'ai peut-être trop aimé les chevaux dans ma jeunesse – pas à bon escient, mais trop peut-être – nous avons tous une faiblesse ; mais j'espère que depuis que j'ai pris les ordres, il n'y a eu aucune objection à faire, dit le recteur en regardant son oncle étonné en face avec un léger défi. Et que pouvait dire Sir John si hardiment rencontré ? « Le pauvre Gérald est un misérable invalide, continua-t-il, malade de tout. Je n'ai jamais vu un être aussi *blasé* et délavé. Il a trop vécu ce que les gens appellent la vie, et il est assez fatigué de tout cela. Ils pensent à la maison que sa santé dépend de sa capacité à s'amuser. C'est pourquoi j'y suis allé, dit Bertie avec toute l'innocence imaginable. « Nous devons tous l'amuser, et vous pourriez tout aussi bien essayer d'amuser cette table. Il s'ennuie à mourir de tout. Mais il a toujours été le préféré de mon père et il ne peut rien faire de mal.

Il y eut une pause, car ce Gérald, le fils aîné, qui s'ennuyait de tout, qui était en mauvaise santé et possédait tous les attributs détestés par Sir John, était, à défaut d'Arthur, l'héritier présomptif d'Oakley ; et cela traversa l'esprit de tout le groupe, entraînant avec lui un pincement au cœur, comme le recteur le savait.

"Est-il susceptible de se marier, je me demande?" » dit Sir John.

« C'est la seule chose stupide qu'il a omis de faire. C'est loin d'être une chose stupide pour la plupart des gens ; mais avec lui, épuisé de corps et d'esprit, vieux avant l'heure, et sans un sou, pourquoi se marierait-il ?

« Je n'en suis pas si sûr, » dit Sir John avec un soupir ; puis il se précipita avec une exclamation et une question dans lesquelles un étranger n'aurait vu que peu de cohérence. « Seigneur, quel monde étrange ! Combien y a-t-il de garçons chez les Seymour ? il a dit.

C'était pour eux la pensée la plus amère. Le jeune Seymour devait épouser quelqu'un d'aussi convenable, et à défaut, s'il ne s'était pas marié, une demi-douzaine de garçons pour réussir ! tandis qu'Arthur s'était mis hors de cour et avait rendu impossible toute succession en ligne directe ; et il n'y avait que les fils d'Anthony à suivre. Les fils d'Anthony ! cette pensée était du fiel et de l'absinthe pour eux deux. Gérald, un jeune *roué* épuisé , et Bertie ; l'un d'eux devait venir après Arthur, qui s'était retranché, ou du moins avait coupé toute suite, toute bénédiction de succession. Et un mariage si convenable que celui du jeune Seymour ! Quelle merveille si cela leur touchait le cœur.

« J'ai vu Durant à Epsom aussi », dit le recteur, oubliant pour le moment sa propre ligne de légitime défense ; « il est très actif, je pense ; ici et là, et partout où l'on va. Les hommes de sa classe se mettent en quatre pour plaire ; ils ont plus de motivations, je suppose, que les hommes jouissant d'une position plus assurée.

"M. Durant, dit chaleureusement Lady Curtis, se présente, si vous aimez l'expression, Bertie, pour être utile à ses amis. Il a reçu de son Créateur l'un des cœurs les plus gentils qui aient jamais battu, et par conséquent il est le bienvenu partout où il est connu.

"Il y a cependant de la justice dans ce que dit Bertie", a déclaré Sir John, mobilisant ses lourdes forces pour conclure l'argumentation. « Un jeune homme comme celui-là peut être très amical, mais vous ne pouvez pas prendre son amitié pour rien, ma dame ; et que diriez-vous, mesdames, qui faites tant de lui, si le petit-fils du commerçant demandait une de vos filles ? Cela vous ouvrirait les yeux.

Sir John sentit qu'il avait fait un grand *coup* en disant cela, et il était heureux d'avoir l'occasion de le dire ; mais il avait néanmoins un peu peur des conséquences.

« Prends un autre verre de vin », dit-il précipitamment en poussant la carafe vers son neveu. "Vous m'excuserez de ne pas rester assis longtemps ce soir, car j'ai quelque chose à faire."

Cela coupa court à toute remontrance indignée qui aurait pu être sur les lèvres de Lady Curtis. Elle et Lucy ont compris l'allusion et sont parties ; mais ils ne se dirent rien, comme ils l'auraient certainement fait s'il s'agissait de quelqu'un d'autre que Durant. A vrai dire, la grande curiosité de l'esprit curieux et vif de Lady Curtis se tournait vers ce sujet de Durant. Qu'est-ce que Lucy pensait de lui ? Qu'a-t-il pensé de Lucy ? Mais comme ni l'un ni l'autre ne lui en avaient parlé, comment pourrait-elle intervenir ? Elle a jeté de nombreux regards sur sa fille alors qu'elles allaient ensemble à leurs tranquilles occupations. Peut-être que les yeux de Lucy étaient plus lourds que d'habitude, moins prêts à rencontrer ceux de sa mère ; mais elle ne dit pas un mot à ce sujet ; et du côté de Lady Curtis, après cette déclaration de son mari, qu'y avait-il à dire ?

CHAPITRE III.

Ainsi, le temps s'écoulait à Oakley comme ailleurs, sans qu'il se passe peu de choses, de longues accalmies venant après les moments de vie active qui en disent long sur l'histoire individuelle, mais qui y occupent habituellement si peu de place. Arthur était aussi loin d'eux que s'il avait été à Underhayes — plus dans un certain sens, car il était maintenant englouti dans la vie publique, embarqué dans cet océan plus grand d'affaires ou de plaisirs qui absorbe tous les intérêts individuels. Ils n'entendaient pas beaucoup plus parler de lui que lorsqu'il était absorbé par son épouse, et pourtant comme c'était différent. Bien qu'Arthur fût moins heureux, bien qu'il fût plus éloigné, il fut néanmoins rétabli dans sa famille. Ils parlaient librement de lui entre eux et avec des étrangers. Il n'y avait plus aucun nuage sur lui ; il était dans sa position naturelle. Il était vrai que les amis de la famille se tournaient les uns vers les autres et demandaient à voix basse : « Avez-vous déjà entendu parler de sa femme, qu'est-elle devenue ? après la conversation sur lui, sur la façon dont il aimait sa nouvelle nomination, et tout cela, qui s'est déroulée ouvertement. « Qu'a-t-on fait d' *elle* ? disaient les amis ; "Ou était-ce vraiment un mariage après tout ?" De nombreuses personnes venaient expressément poser ces questions à Mme Rolt, qui, étant une parente éloignée ainsi que l'épouse de l'agent, connaissait naturellement tout des affaires familiales. La cousine Julia était très prudente, d'autant plus prudente qu'elle n'en savait rien, pas plus que les interlocuteurs eux-mêmes. Mais à propos d'Arthur, tout le monde parlait ouvertement maintenant, se demandant s'il aimait Vienne, ce qui était un grand soulagement par rapport à l'époque où les voisins de la campagne ne savaient pas comment se débrouiller, s'il fallait garder le silence sur lui, ce qui était le moyen le plus sûr, ou bien piéger Arthur. des questions minutieuses qui ne sauraient les compromettre. C'était une grande chance que tout cela soit maintenant terminé ; mais personne ne savait grand-chose d'Arthur, et à part cette visite rapide, on ne l'a jamais vu chez lui.

Arthur lui-même, il va sans dire, eut à subir de nombreuses convulsions. Il ne s'attendait probablement pas à ce que Nancy acquiesce calmement aux dispositions prises pour elle. Il connaissait sa fierté, et il connaissait aussi les faiblesses de tendresse qu'il y avait chez la jeune fille ; et dans son cœur il croyait qu'elle aurait méprisé l'argent qu'il lui avait laissé, qu'elle aurait répudié complètement le règlement - ce qui aurait rendu nécessaire un retour sur toutes leurs démarches - et qu'elle aurait pu, en fait, contrecarrer tous les calculs en se précipitant vers le pays. ses armes tout à coup, sans rime ni raison, et mettant fin à ces misérables marchandages. L'espoir de cela le maintenait éveillé, même s'il ne voulait pas l'admettre même à lui-même. Elle pourrait même venir, dans son impétuosité, à Oakley — il pouvait croire que cela était possible, aussi improbable soit-il — mais au moins dans son logement en ville, où il s'attardait, faisant des préparatifs et pensant que chaque bruit extérieur à sa chambre signifiait le arrivée de sa femme pénitente. Mais Nancy n'a rien fait de tel, comme on l'a vu. Elle a accepté le revenu, s'est installée et n'a fait aucune attention à lui. Était-il possible que tout ait été calculé du début à la fin et qu'elle ne l'ait jamais aimé du tout ? Il n'en dit jamais rien, ne trahit jamais son attente ni sa déception, sauf à Durant, qui connaissait ses pensées avant qu'elles ne se traduisent en mots, et qui, de son côté aussi, attendait de meilleures choses de Nancy ; car, naturellement, aucun d'eux ne savait à quel point son père pratique l'avait intimidée, et comment tous ses caractères et impétuosités avaient été éteints par l'obstacle ennuyeux et vulgaire de sa détermination à ne pas reprendre sa fille entre ses mains sans une provision convenable. C'était donc pour la première fois qu'ils lui faisaient un tort absolu dans leurs pensées. Quand Arthur, ayant finalement renoncé à toutes ces illusions qui avaient été si consolantes au début, mais qui maintenant, dans leur échec, étaient si amères, quitta l'Angleterre, la rupture fut réelle et complète. Son esprit s'était enfin détourné violemment de l'objet de son amour. La passion peut être supportée, cette passion qui pousse un esprit précipité à des actions insensées et involontaires dans des moments plus frais ; et même le changement peut être pardonné ; mais qui pourrait pardonner le tort amer d'avoir été choisi dès le début pour des motifs intéressés, d'avoir été le simple représentant de la richesse et de l'avancement auprès de la femme qui avait accepté son amour ? N'avait-elle jamais été vraie, jamais tendre, jamais touchée par la flamme de l'amour qui avait brûlé dans le sein d'Arthur ? C'était la seule pensée intolérable ; et quand le silence suivit toutes ces agitations, et que Nancy accepta sans un mot ce qu'il pouvait faire pour elle, et le laissa sans un mot, endurer comme il pouvait, prenant de ses mains un simple réconfort vulgaire, au lieu de tout ce qu'il avait été. disposé à donner sans réserve, le cœur du pauvre jeune homme se serra contre elle avec un pincement au cœur. Combien lui avait-elle coûté ! mais elle ne permettait pas qu'il lui coûte quoi que ce soit. Elle ne renoncerait à rien pour lui, ni pour lui. De quoi pouvait-elle se soucier depuis le début ? Pas lui, mais ce qu'il devait donner ; et tout ce qui avait été dit à ce sujet revint à l'esprit d'Arthur, les discussions d'avant, qui montraient que Nancy avait espéré devenir ma dame très bientôt ; et ses plaintes par la suite, qu'elle était si petite, valorisent le beau mariage qu'elle avait fait. C'étaient des bagatelles, mais des bagatelles qui transforment le miel lui-même en fiel et rendent tous les maux dix fois pires. Il était de très mauvaise humeur lorsqu'il quitta l'Angleterre. Lorsque Durant a parlé de son retour, il a secoué la tête.

« Il est bien plus probable que je ne revienne jamais », a-t-il déclaré. « Pourquoi devrais-je revenir ? Je serai à l'écart de tout le monde là-bas.

"Arthur, tu sais que personne ne veut que tu sois à l'écart."

« Je ne le sais pas ; Je connais l'inverse. Je serai hors de *son* chemin. Elle sera laissée tranquille. Si je venais ici, je ne pourrais peut-être pas le supporter, Durant. Et comment peuvent-ils me regarder chez moi sans penser au gâchis que j'ai fait de tout ? Mon pauvre père ! Je crois que c'est lui qui le ressent le plus, d'autant plus qu'il a si peu à dire.

"Viens viens! Sir John ne lui brisera pas le cœur.

"Vous ne le connaissez pas", dit Arthur, heureux d'avoir une raison qui justifierait la misère désolée de la sienne. « Pauvre vieux gouverneur ! il le ressent plus que ma mère. Elle se déchaînera contre vous, ou se moquera de vous, ou pleurera sur vous, et s'en sortira. Mais il ne dit rien ; et la déception en moi, l'échec de moi ! Je ne devrais pas me demander s'ils lui ont brisé le cœur.

Les yeux d'Arthur devinrent rouges pendant qu'il parlait. Il était assez jeune pour sentir les larmes couler dans leurs fontaines ; mais, pauvre garçon ! tandis qu'il parlait de Sir John, c'était à Nancy qu'il pensait. Il l'aimait et elle ne pensait de lui qu'à ses allocations et à son confort. Elle lui permettrait de lui payer de l'argent, de partager ses revenus avec elle ; mais pas pour partager son cœur avec elle et toutes ses pensées. Elle n'en voulait pas. Pauvre Arthur ! si cela lui avait fait du bien, il aurait baissé la tête et pleuré. Mais en l'état actuel des choses, il dut rejeter avec indignation dans les profondeurs toutes les émotions qui exigeaient une expression orageuse. Il pouvait être désolé pour son père, mais il ne devait pas s'apitoyer sur lui-même.

Et c'est ainsi qu'il s'en alla. Un attaché de légation étrangère n'est pas censé être l'homme le plus travailleur. Pourtant, il y a des choses qu'ils peuvent faire quand il s'agit de préférence pour eux d'être occupés ; et Arthur entra dans le monde, presque avec véhémence, sans se soucier de lui-même ni de sa position. Peut-être n'est-il pas sorti indemne du fourneau. Il chassa l'image de Nancy de son cœur, lui ferma la porte et fit semblant de ne pas être conscient des efforts que faisait cette image pour revenir. Pas Nancy — Nancy elle-même n'a fait aucune tentative d'une manière ou d'une autre, aucune ouverture ; mais son image, son souvenir, ce reflet d'elle qui l'avait occupé quand elle était partie, restaient obstinément sur le seuil du temple d'où elle avait été expulsée. Peut-être ne lui était-il pas toujours fidèle, mais recherchait-il de nouvelles impressions, de nouvelles sensations, comme un homme peut être excusé de le faire à qui le sanctuaire de son cœur a déjà été souillé ; mais il n'a jamais dépassé le sentiment qu'elle était là — sa reine légitime, et qui plus est, sa véritable propriétaire, quoi qu'il puisse penser ou que d'autres puissent penser. Pendant ce temps, il menait une vie gaie et bien remplie. Il parlait, dansait et, sans doute, flirtait ; car bien qu'il ait fait connaître sa position, il y avait beaucoup de gens dans la société à qui sa position était tout à fait indifférente ; et Nancy, si elle avait vu son mari, qui lui était si dévoué, dans ces premiers jours de séparation, aurait sans doute eu de sa part l'occasion de penser assez lourdement. Mais tout de même, son image n'était jamais plus loin qu'à l'extérieur de la porte, artificiellement fermée et verrouillée par de curieux dispositifs, mais d'elle-même toujours prête à s'ouvrir, du cœur d'Arthur.

Mais tout cela a un effet sur l'homme ; et lorsque Durant lui écrivit, après l'intervalle de ces deux années, que ses parents étaient morts et que Nancy avait quitté Underhayes, cela provoqua sans aucun doute une grande agitation dans son esprit, mais cela ne le poussa pas à agir immédiatement. En effet, sa première pensée fut de se précipiter chez lui et de lui venir en aide dans son ennui ; mais ce n'était qu'une première pensée. Pourquoi devrait-il partir, dit une impulsion plus sobre ? Si elle ne l'avait pas rejeté, chassé d'elle, refusé de se laisser toucher par les arguments qu'il pouvait proposer ; et pourquoi devrait-il s'humilier pour la chercher à nouveau sans aucune indication qu'il aurait plus de succès cette fois-ci ? Non, non, il ne risquerait pas que tout cela se répète. Les répétitions sont toujours à éviter. Si elle avait eu quelque sentiment persistant pour lui, ne l'aurait-elle pas informé de ce nouvel état de choses qui aurait pu modifier leurs relations ? Mais elle n'avait rien dit, elle n'avait pas remarqué son existence dans ce moment de trouble, où son cœur, sans doute, avait dû être touché. Il écrivit à Durant pour s'enquérir des circonstances et lui faire savoir comment allait Nancy. Mais il n'a rien fait de plus.

Quant à Durant, son cœur était peut-être plus doux, et il s'étonnait de l'indifférence d'Arthur ; ou, peut-être, c'était seulement que lui-même n'avait pas été la personne offensée et méprisée ; et personne, aussi chaleureux soit-il, ne peut ressentir nos griefs comme nous le faisons nous-mêmes. Durant lui-même n'avait pas été particulièrement heureux durant ces deux années. Il avait travaillé dur et fait des progrès dans sa profession, mais il n'avait pas fait de progrès très merveilleux. Son père, qui avait dépensé sa fortune quand il en avait une, n'avait montré aucune réticence à continuer à dépenser quand il n'en avait pas ; et tout ce que Lewis obtenait grâce à son travail ne semblait pas de trop pour maintenir la maison paternelle en activité. Celui qui travaille et soutient ceux qui ne le font pas doit travailler et être dévoré dans ce monde. C'est un sort assez commun ; et chez Durant, comme chez tant d'autres, la misérable mesquinerie de ceux qui suçaient son sang et son esprit, en voulant toujours plus, était une affliction plus lourde que la perte de ses durs gains qu'il prenait avec plus de philosophie. « À quoi lui servaient-ils ? » dit-il avec un peu d'amertume. Lucy était plus loin, voire plus loin, de lui que jamais. On ne lui avait pas du tout demandé de rendre visite à Oakley au cours de l'année dernière, et bien qu'il voyait encore de temps en temps les dames de la famille, la désapprobation de Sir John avait été trop nette pour qu'il soit possible de l'ignorer, de sorte que tout était au point mort. à cet égard. Lucy le comprenait, croyait-il ; mais à quoi lui servirait d'être secrètement compris s'il ne pouvait aller plus loin, si des années comme celles-ci s'écoulaient avant de pouvoir l'approcher ouvertement ; avant de pouvoir franchir les obstacles de tous côtés et oser se présenter ouvertement avec son costume ? En fait, depuis un an, Durant en était presque arrivé à accepter son bannissement, à penser qu'il valait mieux pour lui ne pas la voir, ne pas la contrarier en lui montrant sa fidélité. Plutôt qu'elle oublie tout cela, ne s'attarde pas, comme lui, au bord du désespoir, mais soit heureuse, qu'il soit heureux ou non. Il en était arrivé là quand Arthur le chargea de faire ces enquêtes à Underhayes, et on peut deviner avec quelles pensées, avec quelle impatience réprimée ces deux-là, qui détruisaient ainsi volontairement leur bonheur et détruisaient tout ce qu'il y avait de meilleur dans la vie. les uns aux autres, ce martyr des préjugés sociaux et des péchés des autres a parcouru à nouveau le chemin qu'il avait parcouru avec Lucy, le long de ces rues qu'il avait parcourues en toute hâte pour assister au mariage d'Arthur. Si Lucy et lui avaient promis leur foi ce matin d'hiver, quelles douces années de labeur juste, adoucies et rendues joyeuses par l'amour et la sympathie, auraient pu être les siennes ! tandis que les deux autres, qui avaient pris l'affaire en main, au mépris de leur devoir, s'étaient ainsi détruits et se séparèrent aussi légèrement et facilement qu'ils s'étaient réunis. Sans la folie de son père, Durant aurait pu avoir cela à offrir à l'objet de sa fidèle affection, que même Sir John ne pouvait mépriser, et sans la folie de son frère, Lucy aurait été libre d'accepter ou de refuser cette offre honnête. . Il ne savait pas qu'elle l'aurait accepté – mais il y avait eu des moments où ses espoirs étaient devenus presque certains – pour ensuite être replongés dans des profondeurs plus misérables. Ainsi, les deux pour qui l'honneur et le devoir étaient les plus élevés étaient séparés, et pourraient le rester toute leur vie, tandis que les deux qui ne pensaient que peu à l'un ou l'autre (n'était-ce pas dur pour Arthur ?) jouaient avec le bonheur qu'ils avaient arraché par défi. de son devoir et je l'ai jeté. Durant peut être pardonné, tout bien considéré, pour ces pensées difficiles ; car, aussi modeste qu'il fût, l'espoir était grand dans son cœur lorsqu'il conduisit Lucy au mariage de son frère. Mais petit à petit, cet espoir s'est envolé. Il avait pensé à gagner les faveurs de sa famille par son dévouement à leur service. Il avait pensé que leur amitié familière avec lui aurait pu contrebalancer l'humilité de sa naissance – il avait autrefois pensé que son argent, maintenant perdu, pouvait raconter quelque chose. Mais tous avaient travaillé contre lui plutôt que pour lui ; tandis qu'Arthur, qui avait obtenu le bonheur qu'il désirait, le désir de son cœur, l'avait jeté. Ces pensées remplissaient son esprit alors qu'il marchait dans les rues d'Underhayes. Il se rendit à la petite maison dans laquelle les Bate avaient vécu, d'où il semblait impossible de croire que la saveur des premiers dîners et du rhum et de l'eau du soir ait pu s'estomper. Lorsque de belles choses sont emportées d'ici par la mort, la vacance est presque moins étrange, moins poignante que lorsque survient cette tension tragi-comique d'amusement sinistre, et nous sentons que des choses si terrestres, des choses n'ayant aucune affinité avec une sphère supérieure, sont venues. sous sa touche sublimatrice. Quelque chose aurait-il pu rendre les potions du soir des collecteurs d'impôts presque solennelles ? et pourtant il y avait une sorte de crainte dans le souvenir de toutes ces circonstances vulgaires disparues avec l'être vulgaire auquel elles appartenaient dans l'obscurité – dans l'inconnu qui n'est pas vulgaire. La mort s'apparente plus au noble et au beau qu'au mesquin et au banal. Il n'est pas anormal que ceux-ci meurent et soient transférés dans la sphère à laquelle appartiennent leurs impulsions les plus fines ; mais *ceux-ci*, qu'ont-ils à voir avec la mort, avec le ciel, l'enfer et l'invisible ? C'est ce qu'éprouva Durant en regardant avec une sorte de pitié étrange la pièce occupée désormais par une jeune mère avec ses petits enfants.

« Tous les messages sont à adresser à l'épicier Raisins », dit-elle en ouvrant la porte familière. Il semblait impossible à Durant qu'Arthur ne soit pas là, assis avec Nancy sur le vieux canapé en cilice, à l'intérieur ; mais il rencontra le canapé en cilice un peu plus loin, debout dans l'humidité devant la porte d'un courtier ; et Arthur et Nancy, où étaient-ils ? il semblerait que jamais ils ne se réuniront à nouveau.

"Oh la, M. Durant!" dit Sarah Jane. Elle rougit et jeta un coup d'œil à son mari en tablier blanc, et ressentit un pincement au cœur à l'idée qu'elle n'avait pas épousé un gentleman. " Ne voudriez-vous pas monter à l'étage, Monsieur ? Montez à l'étage ; " elle a pleuré. Elle était heureuse que les clients du magasin, et même son mari, voient à quel point elle était intime avec une personne à l'allure de gentleman, comme Durant l'était indéniablement. Et elle lui raconta l'accident qui avait emporté papa et l'incapacité de sa mère à lui survivre. Elle était dans toute la fraîcheur de son deuil et versait quelques larmes naturelles, malgré le plaisir qu'elle avait à montrer son salon à un des amis d'Arthur. « On aurait pu penser qu'elle ne lui prêtait pas beaucoup attention ; mais il avait bien plus en lui que ce que les gens pensaient, M. Durant, et elle ne pouvait pas vivre sans lui. Elle n'est restée que sept semaines. Je ne peux pas dire qu'elle ait encore jamais levé la tête.

« Et ta sœur est partie ?

« Oh, oui, ma sœur est partie. Maman n'était pas du genre à dire grand-chose, mais je dis que c'est aussi touchant qu'un exemple d'affection conjugale, comme ce qu'on met dans les journaux ; et je dis à M. Raisins, je suis sûre que j'espère que je ferai autant pour lui le moment venu », a déclaré Sarah Jane, à moitié en riant, à moitié en pleurs. "Le médecin n'a pas pu dire de quoi il s'agissait."

« Et… Nancy ?

« Vous pourriez être plus courtois, M. Durant. Il ne faut pas parler de ma sœur comme si elle était une femme de chambre ; mais j'oubliais : tu as toujours été un très ami d'Arthur Curtis. Je vois parfois son nom dans les journaux. La, la différence que fait le mariage ! Avant, je ne regardais jamais les journaux, mais maintenant je les lis régulièrement tous les matins ; et je vois parfois le nom d'Arthur.

"Oui", a déclaré Durant, "et votre sœur, Mme Raisins, où est allée votre sœur?"

"Oh, ça a été une période difficile!" dit Sarah Jane. « Charley est parti le premier, et je suis sûr que si tout est vrai à propos de la Nouvelle-Zélande, je me demande que nous n'y allons pas tous ; et puis papa est mort, puis maman, et maintenant il y a Nancy.

"Mais elle n'est pas morte ni partie en Nouvelle-Zélande ?"

«Je n'ai jamais dit qu'elle l'avait fait, M. Durant. Je disais que c'était une période difficile, une chose s'ensuivant une autre. Je suis reconnaissante que M. Raisins et moi soyons mariés avant que tout ne commence, car si nous ne l'avions pas été, on ne sait pas ce qui aurait pu se passer. Je n'aurais pas pu me marier pendant mon deuil.

« Mme Arthur Curtis est-elle partie au loin ? Ce serait très gentil de me donner une réponse.

« Oh là ! comment puis-je le savoir ? s'écria Sarah Jane. « Elle est aussi volontaire que le vieux monsieur lui-même. Rien ne l'arrête une fois qu'elle a pris sa décision. On ne sait pas où elle peut arriver avant d'avoir terminé.

« Elle voyage alors ? Elle ira peut-être à Vienne ? C'est ce que tu veux dire ?

« Je ne peux pas dire ce que je veux dire – je ne veux rien dire de particulier. On ne pourra jamais, quand c'est Nancy. Elle peut aller ici ou là-bas, et personne ne peut le dire.

"Mais vous devez savoir quelque chose : vous devez avoir une adresse pour ses lettres."

« Soyez bénis, elle n'a jamais de lettres ; qui lui écrirait ? Elle a toujours payé sa place, je dois le dire pour elle – et quelles lettres pouvait-elle avoir ? Elle n'a jamais été du genre à écrire elle-même des lettres, donc je ne m'attends pas à l'entendre ; et quant à l'écriture, si je n'entends pas, je ne penserais jamais à faire une chose pareille.

"Mais vous devez savoir quelque chose sur elle", dit Durant, alarmé. "Tu ne peux pas avoir perdu de vue ta sœur."

«De telles choses sont arrivées», dit Sarah Jane, avec un certain plaisir devant sa déconfiture. « Quand on est marié, on a autre chose à penser qu'à sa propre famille. J'ai ma maison maintenant et mon mari ; il ne me demande rien dans le métier, rien du tout ; mais j'aime être utile quand je le peux, même si je suis heureux de dire que je n'en ai pas besoin, M. Durant. Nous nous débrouillons très bien, et j'ai mon joli salon, tout à moi et payé, et mes domestiques, et ma porte d'entrée par laquelle sortir, aussi agréable que celle de n'importe quelle dame du pays.

« Je suis très heureux que vous soyez si bien loti ; mais il y a quelque chose que je désire communiquer à votre sœur.

« Oh, tu ne communiqueras pas avec elle par mon intermédiaire ; J'en ai assez ; Quelle folie de la part d'Arthur, M. Durant, de faire autant d'histoires ! et Nancy aussi. Ils n'ont jamais pu s'entendre. Je ne dis pas que c'était sa faute ou que c'était sa faute, mais ils ne se sont jamais entendus.

"Alors tu ne me diras pas où elle est?" dit Durant.

"Oh, je n'ai jamais rien dit d'une manière ou d'une autre", a déclaré Sarah Jane ; mais il ne put obtenir d'elle aucune autre réponse et laissa Underhayes aussi peu informé qu'à son arrivée. Il apprit cependant un autre fait auprès du banquier d'Arthur, qui l'informa formellement que l'allocation de Nancy avait été restituée par le banquier de campagne à qui ils avaient l'habitude de la remettre, en lui faisant savoir qu'elle ne serait plus reçue, Mme. Arthur Curtis ayant quitté les lieux sans donner d'adresse. Nancy fit ainsi le premier usage de sa liberté. Elle disparut, ne laissant aucune trace dont ils pussent se saisir, et le lieu qui l'avait connue ne la connaissait déjà plus.

CHAPITRE IV.

C'était environ un mois après cela, au début de l'automne, lorsque Lucy Curtis, descendant de la salle pour l'une de ses visites au village, se rendit, comme elle le faisait souvent, chez la cousine Julia pour se rendre compte de son passage. , et demandez s'il y avait des troubles particuliers nécessitant son aide dans la petite communauté. Mme Rolt n'était pas elle-même aussi active que sa jeune cousine ; mais elle entendait parler de tout ce qu'on demandait et était le moyen de communication universel entre le village et la Halle. Les pauvres gens venaient la voir si elle n'y allait pas, et ses pauvres voisins comptaient sans limite sur sa bonté, l'aimant d'autant mieux peut-être qu'elle ne faisait jamais de recherches sur leur propreté ou leur prévoyance, et ne les dérangeait pas de visites. , mais il était désolé, sans discernement, pour tous ceux qui étaient en difficulté et pour tous ceux qui étaient malades, ils avaient du porto à offrir et du thé au bœuf. Ce n'était pas entièrement l'indolence, mais plutôt une juste connaissance d'elle-même, combinée à l'amour du foyer, qui interceptait de sa part le « travail paroissial ». «Je sais que je devrais bavarder», dit-elle avec un air d'humilité, lorsqu'on lui proposa de visiter les pauvres; et il ne faisait aucun doute qu'elle profitait même des opportunités moindres qui lui étaient présentées dans ce domaine lorsque les pauvres lui rendaient visite. Elle guettait Lucy ce matin-là, qui se trouvait être un des jours où la jeune dame était attendue au village. Lucy avait beaucoup d'affaires à faire, ce qui n'est pas compté dans la gestion d'un domaine. Elle devait s'occuper des villageois, ce qui aurait probablement dû être l'affaire du recteur. Mais comme le Recteur n'acceptait pas naturellement cette partie de son travail, c'est elle qui le faisait. Elle avait sa petite caisse d'épargne privée, ses petites sociétés de prévoyance, ses clubs vestimentaires, sa bibliothèque paroissiale, le tout sous sa propre direction, avec divers ajouts aux processus éducatifs formels du lieu ; des cours pour grandes filles et garçons, et une petite école privée de cuisine, et beaucoup de petites choses, toutes destinées à rendre les habitants d'Oakley heureux ; Ce but, peut-être, ils n'ont pas réussi à le réaliser, mais ils ont néanmoins produit des bribes infinitésimales de bien, tel que la plupart des projets humains peuvent atteindre l'extrême. L'une de ces entreprises nécessitait sa présence aujourd'hui. C'était un jour d'octobre ; les feuilles tombent, le ciel est rouge ; et c'était presque trois ans après le mariage d'Arthur. Il faisait assez froid pour rendre utile cette veste chaude qu'elle avait hésité à mettre ; et comme Lucy s'approchait de la maison de Mme Rolt, Mme Rolt se posta à la fenêtre, prête à taper sur son passage et à assurer dix minutes de conversation - la cousine Julia appelait cela une conversation, mais potins serait le mot approprié à dire.

La maison des Rolt était un grand bâtiment en brique, très semblable au presbytère, mais avec un terrain moins imposant ; une maison du temps de la reine Anne, avec un fronton et des rangées de fenêtres scintillantes au ras du mur. Il y avait un excellent jardin derrière, mais devant rien qu'un grand seuil très blanc entre la porte et la rue ; et les fenêtres de la salle à manger, où Mme Rolt s'asseyait le matin, étaient si proches de la route que personne ne pouvait échapper à celle qu'elle choisissait d'arrêter de cette manière.

«J'arrive», dit Lucy en hochant la tête en passant; et la soignée femme de chambre, déjà aux aguets, se précipita pour ouvrir.

"Missis vous a cherché toute la matinée", a déclaré Sally. Il y avait évidemment quelque chose de plus qu'ordinaire à dire.

Rien de plus chaleureux et confortable que la salle à manger des Rolt. Ses chauds rideaux rouges remplissaient tous les intervalles entre les fenêtres, non pas, il est à craindre, comme l'approuveraient les canons de l'art, de nos jours, mais avec une ampleur confortable. La pièce elle-même était lambrissée, ce qui l'aurait rachetée, même si la vieille cheminée avait été altérée et n'était pas aussi haute qu'elle aurait dû l'être. Il y avait une grande table au centre de la pièce et deux fauteuils près du feu. Le journal jeté dans l'un d'eux montrait que M. Rolt lui-même n'avait quitté que récemment cette chambre confortable. Un grand buffet ancien en acajou, pas beau, mais solide, se dressait contre le mur du fond, et une longue rangée de bibliothèques basses en face des fenêtres. Il n'y avait pas beaucoup de place pour circuler à cause de la grande table, sur laquelle il n'y avait rien de décoratif sinon un immense bassin d'asters de Chine, les derniers du jardin ; mais la pièce était chaude et très pratique, pensa Mme Rolt, quand elle avait quelque chose à faire. La bonne âme n'a jamais rien eu à faire ; mais qu'importe ? Elle aimait qu'on descendît son grand panier rempli de bricoles et qu'on le plaçât sur la table, là où il y avait suffisamment de place ; et là, elle s'occupait très agréablement à chercher des écheveaux de laine qui pourraient faire une paire de chaussettes pour un enfant pauvre, et des morceaux d'étoffe qui remplaceraient le patchwork de quelqu'un. Ces derniers étaient très utiles chaque fois qu'un groupe d'enfants venait à Oakley. Plus de poupées que l'on aurait pu imaginer avaient été habillées à partir des bric-à-brac de Mme Rolt ; mais ils ne faisaient pas beaucoup de bien aux enfants pauvres qui manquaient de chaussettes. Mme Rolt rencontra Lucy à la porte, l'embrassa et l'amena jusqu'au grand fauteuil.

« Comment allez-vous, et comment vont votre maman et tout le monde ? dit-elle dans un souffle, enchaînant tous les mots entre eux dans son empressement à surmonter les préliminaires. « Voudriez-vous-prendre-une-tasse-de-chocolat-après-votre-promenade ? Non? Alors asseyez-vous et je vais vous dire quelque chose, dit la cousine Julia, essoufflée.

«Je savais que tu devais avoir quelque chose à me dire quand j'ai vu ton visage. Qu'est-ce que c'est? Vous n'avez pas l'air d'être arrivé à quelque chose de très grave.

« Oh, ce n'est rien de très grave. Je ne pense pas que cela ait de grandes conséquences, et pourtant c'est très drôle, vous savez. Lucy, deux dames sont venues vivre dans le petit Wren Cottage. Avez-vous déjà entendu parler d'une telle chose ? deux dames, dont une grande et belle. Mon vieux Sam a vraiment perdu le cœur ; et l'autre pas si jolie, et d'apparence beaucoup plus commune, et tous deux complètement inconnus, personne ne sachant d'eux, ni d'où ils viennent, ni à qui ils appartiennent ; et assez jeune. Avez-vous déjà entendu quelque chose d'aussi étrange ?

« Deux dames dans le Wren Cottage ! Oui, c'est une nouvelle », dit Lucy avec beaucoup de sang-froid. « J'espère qu'ils deviendront des voisins agréables ; cela vous sera très agréable.

« N'est-ce pas ? Mais ce n'est pas tellement à cela que je pense. Qui peuvent-ils être, tu sais, Lucy ? choisir un endroit comme celui-ci pour s'installer, où il n'y a aucune attraction, aucune société, aucune incitation du tout ?

« Voilà vous et Bertie au presbytère ; ce n'est pas mal ; et c'est très joli, tu sais, " dit Lucy. « Je ne m'étonne pas que quiconque doive choisir Oakley. Où as-tu pu trouver un si joli endroit ?

"C'est très bien, ma chère", dit Mme Rolt, qui, n'ayant pas été élevée à Oakley, était moins enthousiaste ; « Mais comment ont-ils découvert que c'était un joli endroit ? Personne ne les a jamais vus ici auparavant. Ils ne pouvaient pas le découvrir par instinct, vous savez, n'est-ce pas ? Certes, Wren Cottage a été annoncé dans le journal et est loué pour presque rien. Cela pourrait peut-être les tenter s'ils sont pauvres.

« Très probablement, en effet, je pense ; et ils devaient être pauvres, sinon ils ne viendraient jamais à Oakley. N'est-ce pas ce que vous pensez ? Je suis heureux que vous ayez des voisins.

« J'y vais, Lucy ! Mon amour, ils sont là. Regardez… regardez par la fenêtre la plus éloignée ; tu ne vois pas quelqu'un dans la chambre en train de faire quelque chose ? Regardez aussi simplement que possible entre les rideaux blancs. Quelqu'un est de retour, et j'en crois une oreille !

«Je ne pourrais pas jurer jusqu'à l'oreille», dit Lucy en riant; « mais je vois qu'il y a quelque chose ; et il y a Fanny Blunt à la porte, chargée ; c'est bien, » continua-t-elle, suscitant l'intérêt. « Fanny Blunt est une gentille petite fille. Je suis content qu'elle ait une place.

« Écoute, Lucy. Je t'ai dit qu'ils étaient deux. Elles ne ressemblent pas à des sœurs, mais Fanny dit que ce sont des sœurs.

« Oh, cousine Julia ! tu as demandé à Fanny…

« Seulement sa mère, seulement sa mère, ma chérie. *Bien sûr* , je ne questionnerais pour rien au monde la jeune fille sur ses maîtresses. Tu ne pouvais pas penser que je serais coupable d'une telle chose, Lucy ; mais sa mère me dit que ce sont deux sœurs. Vous auriez à peine le croire. Le petit est une gentille personne d'apparence commune ; mais l'autre, celle qui était à la fenêtre, et tu as vu son oreille…

"Mais je ne pouvais pas jurer jusqu'à l'oreille."

« Ne riez pas, chérie. Je vous assure que je suis assez sérieux et très *très* intéressé. Leur nom est Arthur, et l'un d'eux est marié ; au moins c'est Mme Arthur qui a pris le chalet. Bien sûr, si l'autre est sa sœur, elle ne peut guère être Arthur aussi.

"Mme. Arthur ! » dit Lucy surprise.

« Connaissez-vous le nom, Lucy ? Connaissez-vous quelqu'un du nom ? J'aimerais, je dois l'avouer, découvrir quelque indice.

Lucy secoua la tête. Elle ne connaissait personne portant ce nom, qui est, bien entendu, un nom de famille respectable porté par de nombreuses personnes. Cela ne pouvait avoir rien à voir avec quelqu'un qu'elle connaissait.

"Je ne le connais que comme prénom", a déclaré Lucy.

"Ah, en tant que prénom, tout le monde le connaît comme ça", a déclaré Mme Rolt. "Pauvre cher Arthur, je pense à lui tous les jours, le pauvre."

« Il a l'air assez heureux, cousine Julia ; nous n'avons pas besoin de l'appeler pauvre garçon maintenant.

"Non; mais c'est inconfortable, vous savez, d'être comme ça, séparé de sa femme. Certes, s'ils ne s'entendaient pas, c'était peut-être mieux ; mais quel dommage, Lucy, ils ne s'entendaient pas ! Il doit y avoir de gros défauts, dis-je toujours, du côté des femmes.

"Des deux côtés, je devrais penser", dit Lucy avec un soupir.

« Du côté des femmes principalement, ma chère ; car nous savons que nous devons céder. Nous pouvons toujours être tout à fait sûrs que nous devons céder, quoi que fassent nos maris ; et dans ce cas, les choses se passent généralement bien ; car vous savez qu'une personne ne peut pas se quereller seule, n'est-ce pas ? il doit toujours y en avoir deux. Mais cela n'a rien à voir avec la pauvre dame d'en face.

« Est-ce une pauvre dame ? Vous semblez en savoir plus sur elle que vous ne l'aviez dit au début.

« Eh bien, Fanny, ou plutôt la mère de Fanny, elle vient, vous savez, pour son loyer ; la pauvre, elle est toujours en retard avec son loyer ; et elle dit qu'elle est veuve ou que son mari est absent. Il peut être marin, vous savez, ou en Inde, ou quelque chose de ce genre ; et elle ne semble pas l'attendre à la maison. C'est une triste situation pour une jeune femme. Cependant , je ne sais pas vraiment laquelle d'entre elles est Mme Arthur ; le petit trapu est certainement le plus âgé, mais le grand semble le plus supérieur.

« Peut-être que ce n'est pas toujours le supérieur qui est marié », dit Lucy, de nouveau tentée de rire ; car de telles suppositions jettent des lueurs de réflexion sur les auditeurs et amènent inconsciemment les jeunes femmes à penser à elles-mêmes.

"Non en effet; J'avais moi-même trente-cinq ans avant de me marier, Lucy. Il ne me conviendrait pas de parler comme si les meilleures personnes étaient toujours celles qui se mariaient le plus tôt. Il y a vous-même ; mais alors tu es si difficile à satisfaire. Mais dans ce cas, il va de soi, ne pensez-vous pas, que la personne mariée devrait être le chef ? car c'est sa maison, vous savez, et elle en est la maîtresse. Or, le grand, que vous avez vu à la fenêtre, est évidemment le principal ; elle doit donc être Mme Arthur. Le petit gros semble être une bonne petite chose. Elle s'occupe de tout et aide à préparer le dîner. L'autre — je me demande si elle est veuve ? — s'occupe très peu de la maison. Je la vois lire en général.

"Vous parlez comme s'ils étaient l'objet de votre observation depuis des années."

« Non, pas avant des années, bien sûr ; mais quand on vit quinze jours en face des gens, on apprend beaucoup de choses sur eux. Tu sais que tu es partie, Lucy. Elle lit beaucoup, et je l'ai vue dessiner, et parfois elle parle aux pauvres gens ; mais elle a l'air timide et effrayée. Chaque fois qu'elle me voit, elle s'en va précipitamment.

« Et tu n'as pas appelé ? Je m'étonne que vous n'ayez pas appelé alors que vous vous intéressez tant à elle, dit Lucy en reprenant son petit panier et en se préparant à partir.

"Pensez-vous que je devrais appeler?" s'écria avec impatience la cousine Julia. «Je l'ai retourné encore et encore dans mon esprit. Je me demande si je devrais appeler, dis-je à Sam. Que penserait ta maman, je me demande ? Vous voyez, ils n'ont pas de présentations, personne pour en être, pour ainsi dire, responsable ; et ils pourraient être quelque chose de très différent, ils ne seraient peut-être pas du tout des gens gentils pour tout ce que nous puissions en dire.

« Comme c'est méchant de votre part d'imaginer le mal ! Pourquoi ne devraient-ils pas être des gens sympas ? Je crains que vous ne commenciez à avoir le cœur dur, dit Lucy en riant. "Maman sera très surprise d'apprendre que tu n'as pas appelé, j'en suis sûr."

"Est-ce que tu le penses vraiment? Je *meurs d'envie* d'appeler », s'écria Mme Rolt. « Le cœur dur, moi ! Oh, Lucy, comment peux-tu dire ça ? Quand vous savez, c'est surtout pour vous que votre maman soit toujours sûre que vous ne rencontrerez personne que vous ne devriez pas rencontrer ici.

"J'aimerais beaucoup la rencontrer", dit Lucy, offrant sa jolie joue pour le baiser de la cousine Julia. « Je reviendrai pour un déjeuner si vous me le permettez, et vous pourrez alors me raconter tout le reste. Mon peuple va attendre maintenant.

Mme Rolt se tenait à la fenêtre et la regardait avec admiration pendant qu'elle s'éloignait. Une si jeune créature – pour faire tant de choses – et pour garder la paroisse unie. Mais alors la bonne femme réfléchit qu'elle disait cela de Lucy depuis quelques années et, en comptant à rebours, elle décida qu'elle devait avoir vingt-trois ans - pas si jeune pour être encore célibataire, car la fille de Sir John Curtis, qui pouvait épouser n'importe qui. . "Je me demande s'il y a *quelqu'un* ", se dit la cousine Julia, faisant une revue privée dans son esprit de tous les messieurs qu'elle connaissait - ce qui la détourna de ses pensées sur le nouveau venu à Wren Cottage, même si elle pouvait déjà être vue. à la fenêtre, regardant dehors avec un certain empressement et montrant plus d'une oreille.

Lucy continua son chemin avec un petit tremblement d'excitation, même si elle se moquait d'elle-même à cause de son imagination absurde à propos de Mme Arthur. Pourquoi devrait-elle penser à la femme de son frère ? Elle ne savait pas que Nancy avait quitté Underhayes ni que quoi que ce soit soit arrivé à la famille ; et il était trop insensé de supposer que la belle-sœur inconnue, qui avait quitté son mari et ses devoirs plutôt que d'abandonner sa famille, les aurait de nouveau rejetés sans but pour venir ici. Pourquoi devrait-elle venir ici ? Elle n'avait manifesté aucun symptôme de désir de faire connaissance avec la maison d'Arthur ; mais elle avait plutôt défié et rejeté tout ce qui pouvait la rattacher à cela. Et maintenant, après que tout était fini entre eux, pourquoi devrait-elle venir maintenant ? Arthur était un nom de famille assez connu, comme le disait Mme Rolt ; et elle se réprimanda avec une certaine véhémence pour cette idée fantastique. Elle vaquait pourtant à ses affaires, l'esprit un peu dérangé, sentant qu'elle ne savait comment, comme si un nouveau chapitre avait commencé ; et s'attendant à moitié à ce que le nouveau venu se lève sur son chemin et interfère avec elle. Mais les affaires de Lucy se poursuivaient comme d'habitude, sans que personne ne soit dérangé. Elle faisait sa levée d'affaires habituelle, recevant les petites économies des femmes pauvres, les restes de sous et trois sous qu'elles pouvaient mettre de côté pour les robes des enfants à Noël, et entendait toutes leurs histoires de garçons qui allaient bien et de garçons qui allaient bien. malades, et les filles qui voulaient être « placées », et celles qui allaient apprendre la couture, ou partir à Oakenden pour servir. Elle a dû entendre de nombreuses histoires domestiques et avec lesquelles elle sympathisait, et elle a dû faire plusieurs promesses pour « parler » à ses fils et à ses maris indisciplinés. Les femmes du village avaient une grande confiance en « quelqu'un qui parlait » à ces gens insouciants, qui allaient au cabaret avec leur salaire au lieu de les ramener chez eux. "Ce n'est pas qu'il ait mauvais cœur, mais oh, Miss Lucy, il veut vraiment lui parler !" ils pourraient dire; et Lucy demandait que le mari offensant soit envoyé au Hall moyennant une petite commission, ou qu'il soit incité dans l'après-midi dans la salle de classe. "Mais il est si vif qu'il ne s'approchera pas de la salle de classe maintenant, car il sait que vous y êtes et ce qui s'en vient", a déclaré l'une de ces épouses plaintives en secouant la tête. « Alors vous devez dire que je veux lui parler, » dit Lucy, « ne faites pas semblant de faire des affaires, mais dites simplement que je veux le voir à la Maison. Je lui donnerai un petit travail à faire pour moi s'il se comporte correctement », a déclaré Lucy. Elle n'avait peut-être pas autant confiance dans le fait de « parler à » qu'eux ; mais c'était, au pire, une illusion flatteuse, et les hommes eux-mêmes ne détestaient pas l'importance du « parler à » qui les élevait pour le moment, même si c'était une élévation indésirable. Elle était parmi eux depuis qu'elle était enfant. Elle avait fait la guerre au pub, car entendre ses petites dénonciations n'était qu'une plaisanterie, et les femmes et les hommes avaient ri et pleuré à propos de Miss Lucy. « Seigneur, bénis-la ! elle parle avec audace », avaient-ils dit ; et cette intervention précoce lui avait donné un certain pouvoir que le laboureur le plus grossier accorde, retenant son souffle, à l'enfant qui, dans sa droiture et son indignation infantile, peut parfois faire la leçon à un père ivre. Elle avait ainsi fait beaucoup d'affaires avant de retourner déjeuner avec la cousine Julia, ce qui n'était pas un des moindres de ses bons offices. On aurait pu supposer que Lucy était la plus délicate des épicuriennes pour voir les petites fêtes que Mme Rolt lui préparait lors de ces jours paroissiaux. Son mari était rarement à la maison à cette heure-là, et la cousine Julia était prête à se nourrir des langues de rossignol, si elles étaient disponibles, de la jeune Lady Bountiful qui l'avait sauvée d'un repas solitaire. Et l'après-midi, il y avait les écoles à visiter, le petit hôpital Cottage, la cuisine, et tout ce qui se passait pour le bien des sujets du village. Bertie aussi avait l'habitude de venir chez Mme Rolt ces jours-là, et bien qu'elle ne l'aimait pas, elle avouait, comme elle l'était de Lucy, que Bertie était aussi un cousin, et il n'était pas possible pour le âme douce de s'abstenir de faire un petit essai faible de jumelage lorsqu'elle a vu ces beaux jeunes gens ensemble. Bertie n'était pas assez bien pour Lucy, mais Lucy pourrait l'aimer pour autant. Des choses bien plus improbables avaient été connues ; alors qu'il était probable, en effet, que lui, seulement un ecclésiastique et humble d'esprit (peut-être) avait peur d'oser ouvrir son esprit à la fille de Sir John. Mme Rolt estimait que c'était simplement faire ce qu'elle aurait fait – ou plutôt ce qu'elle aurait fait – de leur permettre de se rencontrer quand ils le pourraient. C'étaient les Curtises qui étaient ses parents, et non milady ; et elle avait une certaine opposition naturelle dans son esprit à l'égard de la mère de Lucy, qui semblait avoir peu d'admiration pour le recteur. «J'espère que cela ne vous dérangera pas, mon amour, mais la pauvre Bertie vient déjeuner», dit-elle sur un ton désapprobateur en ce «jour paroissial» particulier.

« Pourquoi dis-tu pauvre Bertie ? Je ne pense pas qu'il se considère comme pauvre », dit Lucy, à moitié agacée.

"Ah, ma chère, il n'obtient pas tout ce qu'il souhaite, pas plus que le reste d'entre nous dans ce monde", répondit la cousine Julia ; et à un fait si naturel et si probable, que pourrait-on dire ?

CHAPITRE V.

B ERTIE est venu déjeuner ; et il avait les choses à sa guise avec la cousine Julia, bien plus qu'il n'en avait jamais eu au Hall – surtout lorsque M. Rolt était absent, M. Hubert Curtis était autorisé à faire la loi. Dans les occasions ordinaires, il avait l'habitude de dire que toutes ces démonstrations d'ingérence dans le cabaret étaient des bêtises féminines et ne servaient à rien, et que le cabaret avait sa place dans la société, au même titre que toute autre chose. institution. Mais Lucy, étant connue pour avoir des opinions bien arrêtées sur ce point, le recteur modifia ses vues, ou du moins l'expression de celles-ci, lorsqu'elle était présente. Parfois, cependant, ses discours indiscrets pendant son absence lui étaient rappelés, même par le zèle mal orienté de la cousine Julia et son désir de le montrer sous son meilleur jour.

« Dites à Lucy ce que vous disiez au sujet de l'ingérence dans la liberté du peuple », dit-elle. «Je pensais que c'était très intelligent, Bertie. J'aimerais que Lucy connaisse votre façon de penser. À ces mots, Lucy dressa l'oreille et se prépara au combat.

«Ce n'était rien», dit le recteur confus et lançant à sa simple patronne un regard meurtrier. "Lucy sait que je ne vais pas aussi loin qu'elle dans l'utilisation de l'influence que nous confère notre position."

« Est-ce à propos des « Curtis Arms » ? » dit Lucie. "Je sais que je retirerais le permis demain, si j'étais papa."

« Mais, ma très chère, votre papa doit savoir mieux. Bertie peut vous en dire bien mieux que moi ; mais il dit que c'est dommage de forcer le peuple même à faire le bien.

"Peut-être", dit Lucy en rejetant sa petite tête en arrière et en se préparant pour le concours. «Mais je devrais prendre le risque. Laissez-moi les forcer à faire le bien, si vous appelez cela forcer, et laissez Bertie les laisser suivre leur propre chemin – et voir au bout de six mois lequel serait le plus satisfaisant. Si Bertie, dit le jeune potentat de la paroisse retombé dans son calme et avec une certitude qui contenait quelque doux mépris, avait travaillé dans la paroisse aussi longtemps que moi...

« On croirait que cela fait cent ans, dit le recteur, et je m'en remets à l'expérience de Lucy, cousine Julia. De plus, rien de ce que je ferais, comme vous le savez très bien, ne gênerait Lucy. Pour nous, le moyen légal de maintenir l'ordre consiste à maintenir l'autorité sans interférer avec la liberté ; mais qu'elle interfère avec la liberté autant qu'elle veut. Ne sais-je pas qu'il n'y a pas un homme dans la paroisse qui n'aime pas être intimidé par Miss Lucy ? — pas un seul à ma connaissance, " dit le recteur avec un peu d'emphase douce. Il voulait en déduire que lui aussi était prêt à se laisser intimider, en accordant toutes les excentricités féminines de l'influence, ce qui est une manière courtoise de faire savoir aux femmes qu'elles n'ont pas vraiment le droit d'intervenir.

"Je ne pensais avoir intimidé personne", a déclaré Lucy en rougissant. Peut-être qu'elle méritait cela en raison de sa supériorité implicite sur le recteur dans la connaissance de la paroisse. Mais Mme Rolt a vu l'erreur qu'elle avait commise et s'est précipitée à son secours.

« Cher, non. Bertie ne l'aurait jamais pensé, mon amour. Il dit toujours quelle influence vous avez, et toujours si joliment utilisée. Tu ne dois jamais vivre ailleurs qu'à la campagne, Lucy. Vous ne pourriez pas avoir vos pauvres gens dans une ville, et ils vous manqueraient terriblement. Cela donne tellement de choses à penser. Et, Bertie, en parlant de choses auxquelles penser, parle-nous de nos nouveaux voisins. Tu leur parlais hier, j'ai eu des nouvelles de la mère de Fanny. Et Lucy est comme moi, elle meurt d'envie de savoir.

« Vous voulez dire les dames du Wren Cottage ? Oui, je les ai vus hier, dit Bertie ; mais il ne montra aucune disposition à en dire davantage.

«Parlez-en à Lucy. Elle ne les a pas vus. Et qui est Mme Arthur : la grande ou la petite ? et est-elle veuve ? et si elle n'est pas veuve, son mari vient-il, ou où est-il ? et qu'est-ce qui lui a mis en tête de venir à Oakley ? Lucy est très intéressée d'après ce que je lui ai dit ; et elle veut savoir... »

« Vous devez attendre que j'aie maîtrisé vos questions avant de pouvoir répondre. Est-ce la grande ou la petite qui est Mme Arthur ? le grand, je pense. Est-elle veuve ? Je ne peux pas le dire. Elle porte une drôle de robe.

« Cela ressemble plus à une robe de sœur qu'à celle d'une veuve. Je sais qu'elle porte une robe particulière, Bertie. Vous n'avez pas besoin de me le dire. Mais tu lui as parlé... »

« Puis-je lui demander si elle était veuve ? et sinon, quand son mari venait-elle, et pourquoi était-elle venue à Oakley ? Je ne peux pas interroger ainsi les nouveaux paroissiens ; et seule une dame peut découvrir de telles choses. Je ne sais rien d'eux, dit précipitamment le recteur. Évidemment, il n'avait aucune envie d'en parler ; et Lucy, le regardant attentivement, inscrivit cette réticence comme une preuve qu'il en savait plus qu'il ne disait. Or, ce n'était pas du tout le cas. Le Recteur n'a pas choisi de parler des nouveaux venus, parce qu'il éprouvait pour eux plus d'intérêt qu'il n'était peut-être tout à fait juste d'en éprouver. Il admirait beaucoup « la grande » et aurait été plutôt heureux de s'assurer qu'elle était veuve. Mais, d'un autre côté, il ne voulait pas que Lucy s'en doute, ni qu'elle se mette en tête que Mme Arthur était l'objet de son admiration. Lucy elle-même n'était-elle pas son principal objet ? Et s'il pouvait la gagner, cela n'aurait que très peu d'importance pour Mme Arthur. Mais en attendant, il semblait très peu probable qu'elle la conquière, et Mme

Arthur était intéressante, et il n'avait aucune envie de trahir à Lucy qu'il la trouvait telle. En cela, bien sûr, le recteur était très stupide, car s'il avait eu la moindre chance d'éveiller la piqûre ou la jalousie de Lucy, rien n'aurait pu être plus à son avantage que de lui laisser percevoir son intérêt pour les nouveaux habitants ; mais peu d'hommes sont assez sages pour cela, et Bertie, à son honneur, disons-le, n'avait en pareil cas aucune sagesse.

Il dut cependant à l'impression qu'elle avait eue de sa réticence, qu'il pouvait en dire davantage sur ces étrangers s'il le voulait, que Lucy faillit l'inviter à venir chez elle sur une partie de son chemin.

« Je t'accompagnerai aussi loin que nos chemins se rejoignent », dit-elle en le rencontrant à la porte de son école de cuisine ; et il se tourna avec elle, très content, même s'il n'avait pas eu l'intention de marcher par là. Lucy commençait-elle à prendre conscience de ses excellences ? se demanda-t-il. Cela lui semblait « comme » l'une des méthodes aggravantes habituelles de la Providence, que cela se produise, au moment même où il commençait à sentir un nouvel intérêt s'infiltrer dans son esprit.

« Nos chemins sont ensemble, autant que vous le permettez », dit-il, tempérant toutefois l'ampleur de ce discours par une limite prudente. "Je n'aimerais rien de mieux que de parcourir l'avenue avec vous en ce bel après-midi."

"Oh non, ne vous inquiétez pas;" dit Lucie. Elle avait envie de l'interroger, mais elle n'en voulait pas autant de lui ; tandis que, d'un autre côté, lui, bien que conscient de l'émergence d'un nouvel intérêt, n'aurait en aucun cas fait quoi que ce soit qui puisse gâcher sa chance avec Lucy, si elle avait montré la moindre apparence de tourner vers lui des yeux favorables. Quelles que soient les divergences de sentiments, Bertie savait très bien, sans aucune bêtise, quelle était la bonne chose à faire.

« Comme c'est gentil de votre part de prendre autant de peine avec tous ces enfants », dit-il. « Est-ce qu'ils s'en porteront vraiment mieux, je me le demande ? La cuisine avait l'air très bonne ; mais les dîners de leurs pères en seront-ils meilleurs ?

« Leurs pères ont des préjugés – et peut-être leurs mères aussi. Ce sont leurs maris et leurs maîtresses qui s'en sortiront mieux. Nous devons toujours consentir à perdre une génération, dit Lucy avec une prudence juvénile. Et il a souri. Il était peut-être difficile de ne pas sourire.

« Alors, si mon oncle était d'accord avec vous, dit-il, et avec nous tous, les filles qui apprennent à griller et à mijoter dans vos écoles prépareraient de bons dîners pour les garçons, qui n'auraient jamais eu le droit de prendre un verre. de bière dans le « Curtis Arms », et puis une fois l'ancienne génération balayée, tout irait bien.

"Pourquoi pas?" dit Lucie ; « Mais je ne souhaite pas toucher à l'ancienne génération, sinon pour le bien, certainement pas pour le mal. Je ne les balayerais pas, mais je n'espère pas en faire grand-chose. Même ceux comme vous et moi, dit-elle avec sens, bien que nous ne soyons pas encore vieux, sont trop vieux pour nous attaquer à un nouvel ordre de choses. Mais, cousin Bertie, c'était autre chose que je voulais te dire. Je ne suis pas dans un mouvement de curiosité, comme la pauvre chère vieille Julia ; mais… vous en savez au moins plus sur ces dames, je le vois, que ce que vous nous avez dit.

« Ces dames ! quelles dames ? s'écria-t-il, un peu confus par la question.

« Les nouveaux gens… à Wren Cottage ; Mme—Arthur, je pense que vous l'appelez.

"Oh!" » dit-il, puis il fit à nouveau une petite pause, confirmant tous les soupçons de Lucy, « en effet, je n'en sais rien à leur sujet, plus que je ne vous l'ai dit ; pourquoi devrais-je? Je suppose qu'il n'y a rien à savoir – et si c'est le cas, pourquoi devrais-je vous le cacher ?

Mais dans son ton et dans son regard, il y avait une intention si distincte de retenir quelque chose que Lucy en était plus sûre que jamais.

« Oui, » dit-elle, « pourquoi devriez-vous… de ma part ? Je sentais qu'il y avait quelque chose ; s'il y a un mystère à leur sujet, Bertie, je suis sûrement la meilleure personne à qui le confier. Je pense que j'ai le droit de savoir.

Que pouvait-elle vouloir dire ? voulait-elle dire qu'il y avait une entente secrète entre eux, que tout « nouvel intérêt » de sa part devait lui être confié ? Le recteur était profondément perplexe. Il n'avait jamais rien dit à Lucy, ni à Lucy, qui puisse justifier une telle prétention.

« Bien sûr, » dit-il en hésitant, « tu sais que tu es la première personne à qui je me confierais – s'il y avait quelque chose à confier. L'idée que tu tiens à savoir me semble trop douce, Lucy.

Elle le regarda en face ; demandant à son tour, que voulait-il dire ? doux pour lui, pourquoi devrait-il lui être doux ? Qu'y avait-il dans sa question pour lui lancer ce regard flatté et confus ? Elle le regarda très sérieusement avec des yeux interrogateurs et fixes.

«Je pense que vous ne comprenez pas ma question», dit-elle. « Et bien sûr, je ne peux m'empêcher d'être anxieux. Dites-moi; il ne peut y avoir aucune raison possible, ajouta-t-elle avec impatience, pour que vous ne *me le disiez pas* !

Mais il y avait quelque chose de si comique dans la perplexité qui succédait à cette expression de vanité heureuse sur son visage, que Lucy éclata de rire.

« Après tout, je ne crois pas que vous ayez quoi que ce soit à dire », dit-elle.

« Pas moi… pas la moindre miette ; que pourrais-je avoir à dire ? que pourraient-ils être pour moi ? Je n'ai d'yeux que pour un, dit le recteur, encore un peu confus, et profitant assez maladroitement de l'occasion. Ils approchaient alors du portail, et Lucy lui donna ce petit mouvement d'impatience qu'il connaissait, s'apercevant avec une certaine colère de son erreur.

« Nous voici au bout de notre chemin commun, dit-elle brusquement ; "Merci d'avoir porté mon panier jusqu'à présent, Bertie. Oh non, je préfère le porter moi-même. Je ne peux en effet pas vous laisser vous donner davantage de peine. Bonjour. Papa vous attend demain, je crois.

"Mais cela ne doit pas m'empêcher de venir maintenant."

« Oh non, pas du tout, si vous avez quelque chose à venir ; mais papa sera dehors, et tu ne dois plus te soucier de moi… Adieu ! » dit-elle brusquement en lui faisant un signe de la main. Il n'avait rien d'autre à faire que d'acquiescer. Il se retourna, sentant qu'il ne s'en était pas bien tiré lors de cette rencontre. Que voulait-elle dire ? Elle était la fille d'un écuyer gênant, comme toujours le jeune recteur était en proie à des problèmes. Elle connaissait la paroisse mieux que lui et y suivait sa propre voie, indifférente à ses conseils. Elle ne serait ni guidée, ni dirigée, ni amenée à comprendre qu'il était la première personne à considérer. Et elle ne voulait pas qu'on lui fasse l'amour, ni même qu'elle reçoive des compliments, et encore moins qu'elle consente à ce que s'installer avec lui au presbytère, apportant avec elle tout ce que Sir John pouvait garder du rebelle Arthur, était l'arrangement naturel. Et, ceci étant, si un « nouvel intérêt » lui venait à l'esprit, pourquoi, au nom de tout ce qui était mystérieux, aurait-elle le droit de le connaître, et serait-elle la personne naturelle à qui le confier ? Il était plus mystifié et perplexe que les mots ne pouvaient le dire.

Quant à Lucy, elle continua avec un petit picotement dans les joues, sentant qu'elle avait commis une erreur, mais sans savoir exactement quelle était cette erreur. Pouvait-il penser que cela lui importait qu'il ait des yeux pour un ou une demi-douzaine ? quels étaient ses yeux pour elle ? Mais même si elle ne voyait pas en quoi ce qu'il disait pouvait avoir un rapport avec le sujet, il y avait certainement un peu de confusion à propos de Bertie ; il savait quelque chose sur Mme Arthur, sinon ce qu'elle, avec tant d'excitation, se permettait de soupçonner. C'était une belle soirée d'octobre, avec un coucher de soleil qui brillait derrière les bois. Le coucher de soleil est peut-être la seule représentation scénique dont on ne se lasse jamais. Lucy continuait à le regarder, perdue dans sa beauté, comme si elle n'en avait jamais vu auparavant. Il y avait une profonde bande de pourpre autour de l'horizon inférieur, tout brisé comme il l'était par des masses d'arbres, et des nuages roses projetaient autour de tous les airs teintés de toutes les nuances de rouge, jusqu'à ce que la couleur se fonde en une rougeur éthérée sur le bleu. Et entre le pourpre en bas et les teintes roses au-dessus, comment le ciel lui-même s'est transformé en des tons magiques de vert et de faibles lumières jaunes, bien trop visionnaires pour être appelés par des noms aussi vulgaires. Elle avançait lentement, le visage tourné vers lui et éclairé par la lumière. "Je commence à sombrer dans la lumière qu'il aime sur un lit de ciel de jonquilles", se disait-elle. Dans de tels moments, il y a des pensées qui s'immiscent même dans l' âme la plus paisible, des pensées de quelqu'un d'absent, de quelque chose de perdu, s'il devait y avoir quelque chose de perdu ou d'absent dans notre vie ; et même chez ceux qui sont tout à fait heureux, une douce faire semblant d'être malheureux envahira le cœur ; l'heure qui ramène le désir du voyageur vers la maison ce jour où il a fait ses adieux à ses doux amis. Tout cela était dans la tête et dans le cœur de Lucy, et elle oublia ce qui l'avait tant curieuse quelques minutes auparavant.

Un sentier partait de l'avenue qui traversait le parc, à peine au-delà du portail. Un bruit de brindilles crépitantes sous des pas qui passaient la troublait avec l'humidité, à peine s'appeler des larmes, qui lui montaient aux yeux. Elle tourna à moitié la tête et aperçut à contre-jour deux silhouettes, l'une plus grande, l'autre plus petite, figures inconnues d'elle qui connaissait tout le monde. Sans le vouloir, Lucy fit une demi-pause de suspicion, qui ressemblait presque à une question – même si c'était également tout à fait involontaire, car il s'agissait d'une voie de communication et elle n'avait ni le souhait ni le droit de gêner quiconque pourrait s'y trouver. Les étrangers avaient dans leurs mains de longues couronnes de clématites sauvages fleuries, avec leurs grosses gousses duveteuses, et quelques touffes de feuilles écarlates et jaunes. Ils firent aussi une petite pause alarmée, et il y eut une sorte de recul trébuchant et une consultation momentanée. Lucy continua, mais au bout d'un instant elle s'arrêta de nouveau, au son de quelqu'un qui crépitait après elle sur le tapis de feuilles mortes.

"Oh! s'il vous plaît-"

Lucy se retourna. C'était une jolie jeune femme qui se tenait devant elle, en deuil, le visage un peu rouge, le souffle accéléré par la course. Elle était petite et rondelette, une petite personne gentille, de bonne humeur, simple et pleine de bon sens.

« J'espère que nous n'empiétons pas. J'espère que si nous avons commis une intrusion, vous nous pardonnerez, s'il vous plaît, car nous ne le pensions pas intentionnellement. Nous sommes des étrangers ici. Tout cela est de la foutaise, dit-elle en regardant les feuilles dans ses mains ; "pas même des fleurs. Nous pensions que ce n'était pas un mal de les cueillir ; ils ont plu à ma sœur, ils étaient si colorés. J'espère que nous n'avons rien fait de mal.

L'anglais était assez bon, le h est faible, mais pas sensiblement absent ; mais cette voix n'était pas celle d'une dame ; C'est ce que Lucy devina immédiatement.

« La route est gratuite pour tout le monde », a-t-elle déclaré ; « vous n'êtes pas en infraction ; et vous êtes les bienvenus dans les feuilles. Elles sont belles; vous avez très bon goût pour les aimer, mais bien sûr, ils ne servent à rien.

« Oh, ils ne servent à rien » ; dit la petite femme, c'est ma sœur. Elle les dessine parfois. En effet, elle les peint assez joliment, aussi fidèlement que possible. Elle se donne tellement de mal.

"Est-ce qu'elle est une artiste?" dit Lucie. Il semblait nécessaire de dire quelque chose, car l'inconnue au visage enjoué attendait toujours une réponse.

"Oh non; elle n'a rien à faire. Elle le fait pour son plaisir. Elle a beaucoup d'éducation, maintenant. Cela fut dit avec un air quelque peu alarmé derrière elle. Lucy se tourna et regarda aussi ; l'autre silhouette plus grande, vêtue de sombres vêtements noirs, avait déjà atteint la porte.

« Ce doit être vous qui êtes venu au Wren Cottage », dit-elle ; « tout le monde est connu et on parle de tout le monde dans un village ; est-ce vous qui êtes Mme Arthur, ou l'autre dame ? Je viendrai vous voir, si vous me le permettez, lors de ma prochaine journée paroissiale.

"O-oh!" la grosse jeune femme poussa un cri de surprise. "Ma sœur ne voit personne." Puis son visage se redressa un peu et elle dit : « Mais je serai heureuse, très heureuse de vous voir. Bien sûr, si elle souhaite s'enfermer, elle peut monter à l'étage.

«Je ne voudrais déranger personne», dit Lucy en souriant. Elle était une princesse dans son propre royaume et personne ne pouvait l'offenser. L'idée, en effet, l'amusait plutôt qu'offensée, qu'elle *puisse* être censée s'immiscer dans n'importe qui à Oakley. L'idée était délicieusement absurde.

« Ne pas déranger… oh, mon Dieu, non, ne pas déranger ; mais elle a eu bien des ennuis, dit l'étranger, beaucoup d'ennuis ; si on pouvait la persuader de voir n'importe qui, cela lui ferait du bien.

«Je viendrai», dit Lucy avec un signe de tête amical. Elle n'avait besoin d'aucune cérémonie avec cette petite personne simple ; « et entre-temps, la route qui traverse le parc est tout à fait libre. Bonne journée », dit-elle en souriant. Toutes les autres imaginations s'envolèrent de son esprit à la vue de cette petite personne rationnelle et banale. Elle n'était pas vulgaire, certainement pas vulgaire, car il n'y avait en elle aucune prétention ; mais certainement pas du tout comme.... Lucy avait vu les Bates, la famille de la femme d'Arthur ; elle avait vu Sarah Jane dans ses atours bon marché, et la mère avec son grand bonnet et son châle. Rien ne pouvait leur ressembler plus que cette petite personne sensée dans sa robe de deuil simple et soignée. Elle ne les avait vus que quelques minutes, il est vrai ; mais le souvenir de la beauté fleurie, des fleurs et des rubans, des robes fines et fragiles, et des manières bruyantes du genre libre et facile, était fort en elle ; et cette petite femme était tout à fait sensée et simple. Quelles idées fantastiques les gens se mettent en tête ! il n'y avait évidemment aucun mystère ni difficulté ici, se dit-elle en souriant, tandis qu'elle fit un nouveau signe de tête au nouveau venu, elle reprit sa marche à un rythme plus rapide et se dirigea désormais sans être dérangée vers la salle.

CHAPITRE VI.

« POURQUOI lui as-tu parlé ? pourquoi n'as-tu pas simplement présenté nos excuses et continué ? dit le plus jeune à l'aîné. "Je pensais que tu n'aurais jamais fini de parler."

«Je voulais la voir; Je voulais savoir quel genre de fille elle était ; et je vais vous le dire, c'est une gentille fille. Pas plus coincé que moi. Une fille gentille, souriante, agréable, pas du tout fière ; pas la moitié ni le quart aussi fière que toi, Nancy.

« *H-chut !* Ne m'appelle pas par ce nom. Tu ne comprends pas que c'est le seul nom qu'ils connaissent ? Appelez-moi Anna, et cela n'aura pas d'importance ; ils ne penseraient jamais à cela à propos de moi.

« Pourquoi devraient-ils penser à toi ? » dit Mathilde. « Une jeune femme comme Miss Curtis, pourquoi devrait-elle s'inquiéter de l'arrivée de nouvelles personnes dans le village ? Ou qu'est-ce qui la ferait penser à toi ? Vous connaissez la raison pour laquelle vous êtes venu ici, parce que c'était le tout dernier endroit où Arthur penserait à vous chercher ; mais en effet, il ne vous a pas beaucoup dérangé en vous cherchant, ajouta-t-elle d'une voix plus basse.

"Vous êtes très insensible", dit Nancy avec un frémissement sur la lèvre.

Car ce serait en vain de tenter de tromper le lecteur en lui faisant croire que cette grande jeune dame en deuil qui avait pris le Wren Cottage et s'appelait Mme Arthur, était n'importe qui d'autre que Nancy. Son déguisement était transparent, en effet, pour tous ceux dont les soupçons avaient jamais été éveillés, et la transparence même de son déguisement faisait partie du caractère de la jeune fille, qui avait certes beaucoup souffert et appris quelque chose, mais qui était encore elle-même en bas, malgré les progrès qu'elle avait réalisés. Elle avait fait beaucoup de progrès. Elle avait lu nombre de livres très lourds, très solides, et aurait pu passer un examen sur divers sujets abscons qui ne pourraient jamais lui être d'une quelconque utilité. Comment la pauvre fille pouvait-elle le savoir ? Elle était consciente que lire des livres était le moyen de s'éduquer et elle était trop fière pour se laisser guider par quelqu'un qui savait mieux qu'elle. Elle avait dévoré beaucoup de poésie, et aussi beaucoup de romans ; même si elle en avait plutôt honte. Mais elle savait qu'il était juste de travailler sur l'Encyclopédie, de lire l'histoire, Locke sur l'entendement humain et d'autres volumes de solide réputation. Sans doute qu'ils lui faisaient plus ou moins du bien, et l'effort même de les lire lui faisait du bien. Et elle savait maintenant tout de ces choses qui l'avaient tant intriguée à Paris ; à propos de la reine qui a été assassinée et des personnes dont la tête a été coupée ; il avait parcouru toutes les collections de tableaux ouvertes à Londres, et connaissait maintenant au moins les noms des peintres dont les gens sont généralement ravis. Ses erreurs d'autrefois lui donnaient ainsi une certaine lumière, lui révélant certains points sur lesquels elle ignorait bien, et qu'il était bon de connaître ; mais au-delà de ces limites, Nancy n'avait pas beaucoup d'informations sur ce qu'il fallait pour l'éducation d'une dame, et trébuchait dans l'obscurité, quoique avec la meilleure volonté du monde. Mais l'occupation que cela lui donnait était pour elle de la plus haute importance, et avait adouci et consolidé tout son être moral. De plus, elle avait essayé la musique, qui entre dans la conception la plus élémentaire de l'éducation d'une dame, mais avait trouvé ce travail très dur, ni ses doigts ni sa patience n'étant à la hauteur de la tension exercée sur eux ; mais elle s'était mieux débrouillée en dessin et avait réalisé un grand nombre de copies élaborées au crayon, et certaines à la craie, que Matilda trouvait belles. Lorsque son père et sa mère moururent tous deux, il fut impossible de la garder plus longtemps à Underhayes. Personne n'avait plus le moindre contrôle sur elle. Mathilde, bien que sensée, n'avait jamais pris de direction dans la famille et, même si elle critiquait, obéissait toujours aux impulsions les plus puissantes de sa sœur cadette. Nancy avait été aussi impulsive et imprudente dans son action présente que dans tous les mouvements antérieurs de sa vie. Elle avait renoncé à ses revenus d'Arthur sans en parler à personne, au grand désarroi de ses sœurs. « De quoi vas-tu vivre ? avaient-ils tous deux pleuré avec horreur et alarme. Mais on ne parlait pas alors plus à Nancy qu'à d'autres époques. Elle leur avait fait savoir qu'elle comptait vivre de sa petite fortune infinitésimale, des deux cent cinquante livres que sa tante lui avait léguées ; et à toutes leurs représentations que cela durerait très peu de temps, elle ne daignait pas répondre. Elle avait décidé de le faire, et cela suffisait – comme elle avait décidé de faire d'autres choses stupides. Mathilde l'avait accompagnée dans un esprit de martyre. « Nous devons faire quelque chose pour gagner notre vie quand elle a tout dépensé », a déclaré Matilda ; "et je ne l'abandonnerai pas." Ainsi Nancy réalisa-t-elle sa stupide intention. Elle était indépendante pour le moment, n'était obligée envers personne, quoi qu'il arrive demain ou l'année prochaine. Deux cent cinquante livres semblent une somme importante pour l'inexpérimenté. Et quant à la raison pour laquelle elle est venue à Oakley, il aurait été encore plus difficile de la dire. Parce que c'était le dernier endroit au monde où Arthur aurait des chances de la trouver, dit-elle. N'était-ce pas plutôt parce que lorsqu'Arthur viendrait la chercher (et elle n'en doutait pas, il le ferait dès qu'il entendrait « ce qui s'était passé »), elle ne se laisserait pas retrouver à Underhayes, mais ne se mettrait pas non plus à l'abri. sa manière? Cependant, Nancy elle-même ne savait pas ce qu'elle voulait dire sur ce point. Un grand nombre de sentiments confus et inarticulés étaient dans son esprit. Son cœur se tournait vers son mari, qu'elle avait aimé à sa manière. Ce n'est que lorsqu'elle l'avait chassé d'elle qu'elle avait réalisé à quel point il représentait pour elle ; et bien que bien trop fière pour faire une quelconque ouverture de réconciliation, toutes ses études désespérées, ses stupides formations personnelles n'avaient été qu'une longue ouverture silencieuse, si quelqu'un l'avait su. Et maintenant, venir dans le quartier de sa maison, entendre parler de lui, voir les gens qu'elle avait si souvent stigmatisés comme de belles personnes (comme Nancy instruite rougissait maintenant devant une expression aussi vulgaire !) semblait la plus grande attraction du monde. à elle. Elle ne se mettrait pas en danger d'être remarquées par eux, mais elle ne ferait en revanche aucun effort violent pour se tenir à l'écart ; et il y avait quelque chose qui plaisait à son état d'esprit fantastique dans la simple idée de vivre là, inconnue, mais pas trop soigneusement cachée, indifférente à savoir si elle était découverte ou non ; non révélé, mais pas déguisé. Elle ne changerait pas de nom. Elle était Mme Arthur, et là, elle resterait Mme Arthur. Si elle était découverte, elle ne ferait de mal à personne. Elle avait le droit d'y vivre si elle le voulait. Ainsi, moitié par nostalgie, moitié par défi, Nancy s'installa dans le petit cottage appelé, personne ne savait pourquoi, le Wren Cottage, probablement parce qu'il n'était pas beaucoup plus grand qu'un nid de troglodyte. Peut-être n'avait-elle pas pensé à quel point son arrivée en tant qu'étrangère soulèverait de nombreuses discussions dans le tranquille petit village ; peut-être qu'elle ne se souciait pas de savoir si on parlait d'elle ou non. En effet, elle ne réfléchissait pas à ce sujet, mais se demandait seulement de toute son âme s'ils la découvriraient, s'ils ne la découvriraient pas, que penseraient-ils d'elle ? mais elle ne s'est jamais demandé, comme le disait Matilda, pourquoi ils devraient penser à elle. Ceci, il fallait le craindre, n'était pas du tout une chose désirable pour Nancy. Qu'on s'enquit d'elle, qu'on se demande qui elle était, qu'on la soupçonne, qu'on la reconnaisse, c'étaient les choses qu'elle préférait imaginer et qu'il lui plaisait de méditer. Lucy l'avait vue et la reconnaîtrait très probablement. Elle était sûre qu'elle reconnaîtrait Lucy partout où elle la verrait. C'était excitant de la rencontrer dans l'avenue à mesure qu'ils approchaient, et Nancy avait un plaisir secret à envoyer Matilda s'excuser et s'expliquer, même si elle savait bien que la voie était publique et que personne ne pouvait gêner leurs mouvements. Même si elle ne voulait pas que Matilda le voie, elle tremblait d'excitation réprimée lorsque sa sœur la rejoignit. Rien ne pouvait arriver à la suite d'une telle rencontre ; Lucy n'aurait pas pu deviner qui elle était à la vision lointaine de sa silhouette à contre-jour, ni à travers Mathilde, qu'elle n'avait jamais vue ; mais pourtant la jeune fille volontaire et têtue, qui avait tant résisté, tremblait à cette rencontre fortuite. Elle retourna ensuite au Wren Cottage, excitée et fourmillante de partout ; mais je ressens un vide dans l'air, comme si toutes les couleurs et toutes les attentes avaient disparu.

Le Wren Cottage était très petit. La porte donnait directement sur le salon, sans passage ni antichambre. Nancy d'il y a deux ans aurait trouvé cela très commun, mais Nancy d'aujourd'hui, connaissant un peu l'art, en ce qui concerne les lieux d'habitation modernes, a supposé que cela devait être « pittoresque » et l'a appelé ainsi. Un escalier en bois menait aux chambres. Il y avait une fenêtre profondément enfoncée sur le côté qui donnait un peu plus de prétention à la pièce et commandait la route jusqu'aux portes du Hall et une petite partie de l'avenue. Ici, Nancy avait rangé ses livres sur le rebord de la fenêtre. Leur description était très hétérogène. Il y avait un livre français, quelque chose sur la révolution, qu'elle lisait « pour s'entraîner », et il y avait un ouvrage philosophique qu'elle lisait – parce qu'elle pensait que c'était la bonne chose à faire ; mais un peu de cela a fait beaucoup de chemin. Ainsi, les quelques volumes qu'elle aimait formaient un équilibre imparfait avec un grand nombre qu'elle n'aimait pas, mais qu'elle travaillait consciencieusement, comme étant le moyen approprié pour atteindre son objectif. Sa solide étude actuelle était du caractère des plus hétérodoxes et aurait pu compromettre la « solidité » de Nancy dans sa doctrine, s'il y avait eu ici un critique capable de juger ; et elle aurait pu confondre son propre cerveau, la pauvre fille, si elle y avait prêté attention. Mais elle utilisait le livre comme elle utilisait une chaise : l'un pour lire, l'autre pour s'asseoir ; et Nancy ne se souciait pas plus de l'un que de l'autre. A côté de ces études, il y avait un grand dessin à la craie accroché contre le côté de la fenêtre, qu'elle copiait si soigneusement qu'on avait mal aux doigts pour le voir. Cependant, quand elle rentrait de sa promenade, Nancy déposait ses clématites à gousses et toutes les feuilles d'automne dans ses mains sur le rebord de la fenêtre, et les disposait un peu machinalement, mais avec une certaine grâce, sur une grande feuille de papier. où elle les a en partie tracés, en partie dessinés alors qu'ils gisaient. C'était sa fantaisie, et elle la trouvait très frivole et enfantine ; pas du tout quelque chose qui avait à voir avec la formation du personnage, comme le dessin à la craie.

Pendant que Nancy déposait sa couronne à sa satisfaction, Matilda préparait le thé. Ils avaient tapissé la petite chambre d'un tapis commun, tout d'une seule couleur, orné d'une étroite bordure. Parmi les livres de Nancy, il y en avait eu qui traitaient de cette question, et elle y avait consacré une solennité de réflexion qui aurait pu satisfaire le critique le plus sévère. La petite table au milieu de la pièce avait une couverture correspondante ; les escaliers avaient le même tapis rouge, et il y avait des rideaux similaires à la large fenêtre en treillis donnant sur la rue. Ce n'était là qu'une étape élémentaire de la décoration, mais comme elle paraissait importante aux yeux de Nancy ! aussi important que la reine Marie-Antoinette et le fait, qu'elle avait appris si douloureusement, que les vieux tableaux étaient généralement considérés comme meilleurs que les nouveaux. Elle avait honte d'elle-même lorsqu'elle peignait ses feuilles très rapidement et en rougissant, pensant que c'était un enfantillage, et lorsqu'elle lisait un roman, ou même un nouveau poème. Mais empêcher Mathilde de placer les chaises contre les murs, et garder la même couleur dans tous les accessoires de la pièce, c'était sérieux. C'était une de ses preuves qu'elle devenait une vraie dame, qu'elle n'était plus ignorante, aimant tout ce qui était nouveau et criard, comme elle l'était, hélas ! quand Arthur était avec elle ; tout a été changé et réparé maintenant. Le thé allait plutôt à l'encontre des idées de Nancy sur ce qu'elle devrait faire dans son état actuel de culture personnelle. Elle devrait se préparer pour le dîner. Mais il y avait aussi des considérations pratiques qui allaient à l'encontre de la théorie. Fanny, la petite bonne, ne venait que le matin et le « dîner tardif », ce trait distinctif de la vie « de la noblesse », exigeait d'être cuit avant d'être mangé ; et ils préféraient tous deux le thé ; et c'était beaucoup moins cher et causait moins de problèmes ; et enfin personne ne leur rendait visite pour veiller à ce qu'ils ne dînaient pas. Nancy n'était pas indisposée à organiser le dîner-déjeuner le jour même où le recteur l'avait appelé.

En l'occurrence, elle s'assit devant son pain et son beurre avec suffisamment de contentement. Elle avait beaucoup à faire, et malgré sa condition précaire, séparée de son mari, sans revenus et vivant de son petit capital, elle n'était pas malheureuse. Elle était trop occupée pour être malheureuse. Elle n'était pas du tout digne d'être la compagne d'Arthur lorsqu'ils étaient ensemble ; et il y avait tant à faire pour se qualifier pour ce poste. Mais quand les Curtis ont vu qu'elle savait si bien dessiner, que sa chambre était si artistique et qu'elle avait lu tant de livres, que pouvaient-ils penser sinon qu'elle était vraiment une dame ? Et Arthur reviendrait à la maison pour elle, et tout irait bien. Ces espoirs étaient dans son esprit lorsqu'elle lisait et dessinait. Elle était occupée, il y avait de l'espoir en elle, et personne pour la contrarier. Nancy n'était donc pas mécontente.

« Je ne devrais pas du tout me demander si Miss Curtis devait appeler : elle en a parlé. La verrez-vous ou ne la verrez-vous pas ? J'ai dit que je n'étais pas sûr que ça te plaise.

"Matilda, c'était impoli !"

« Rien de tout cela, que pourrais-je dire ? Je ne pouvais pas lui dire, Nancy ne veut pas être vue.

"Ne m'appelle pas Nancy, s'il te plaît !"

«Eh bien, Anna alors… mais je ne m'en souviens jamais. J'ai dit que je ne savais pas si ça te plairait, mais de toute façon, tu pouvais monter si ça ne te plaisait pas.

« Elle doit penser que je suis un joli ours. Elle ne vous a pas demandé comment s'appelait votre sœur, ni d'où elle venait, ni rien sur elle ?

"Pas un mot. Pourquoi devrait-elle le faire ? Vous n'êtes pas venu du tout ; quand on te voit, tu es bien plus intéressant que moi, je ne le nie pas.

"S'il te plaît!" » dit Nancy en joignant les mains, « ne dites pas « un marché » et « plus intéressant que moi ». »

« Que dois-je dire ? » dit Mathilde, la bonne humeur ; «C'est une bonne chose que je ne sois pas nerveux. Quand elle viendra, vous pourrez courir à l'étage. Vous pouvez écouter par-dessus la rampe et entendre tout ce qu'elle dit ; et si vous aimez son discours, vous pourrez revenir la prochaine fois. Après tout, Nancy, si tu n'avais pas imaginé que nous les verrions, pourquoi aurions-nous dû venir ici ?

«Mais elle me connaîtra», dit Nancy, «elle m'a vu une fois…»

« Le jour de votre mariage ! Vous ne pensez pas que vous êtes un peu la même personne avec cette drôle de petite casquette rigide et ce col blanc que vous étiez dans votre robe de mariée avec votre voile ? Je ne pense pas qu'Arthur lui-même te connaîtrait, » dit franchement sa sœur. Nancy grimaça malgré elle. Elle ne voulait pas être à ce point transformée. Qu'elle soit un peu changée, qu'il y ait une difficulté à la reconnaître, et qu'un sentiment de mystère excitant leur curiosité avant de la découvrir, ce ne serait qu'agréable ; mais être si différente d'elle-même qu'elle ne pouvait pas être reconnue, même par Arthur, n'était pas dans ses pensées.

C'était à Matilda de ranger le thé, comme c'était à elle de le préparer. Il n'était pas question entre eux de leurs positions différentes. Mathilde a cédé à Nancy tout ce que l'autre pouvait exiger. Ce n'était pas à elle, à Dieu ne plaise, de lire ces gros livres, de penser tant à tout, de se donner tant de peine pour apprendre le dessin et comprendre les agencements d'une chambre. Mais elle aimait prendre le thé et ranger les affaires, même si elle avait tendance à mettre Nancy en colère en plaçant les chaises directement contre le mur. Et puis ils se sont assis à table avec la lampe entre eux, Matilda avec ses travaux d'aiguille, Nancy lisant son français pour s'entraîner. Peut-être que dans son cœur la sœur aînée soupirait après la gentillesse d'Underhayes, où elle pourrait se faufiler le soir et fouiller dans le gaz brûlant de la boutique de Raisins, dans le petit salon confortable, pour causer avec Sarah Jane ; mais dans l'ensemble ils n'étaient pas du tout mécontents ; toutes les énergies de l'esprit actif de Nancy étaient concentrées sur son français. Elle pouvait maintenant, pensait-elle, très bien comprendre tout ce qu'on lui disait, si jamais elle retournait en France ; et comprendre les pièces de théâtre, et savoir de quoi il s'agissait. Ainsi, elle tournait dans son cercle étroit, se préparant aux éventualités qui s'étaient produites une fois, et espérant toujours qu'elles seraient les mêmes qui se reproduiraient.

Mais Nancy prenait un peu de repos de ses occupations, repeignait sa couronne enchevêtrée de feuilles d'automne, mais plutôt disposée à y jeter quelque chose, peut-être un de ces misérables antimacassars, qui prouvaient qu'elle (sans le savoir) était toujours au pays de la servitude – car même

Matilda, qui entretenait une profonde admiration pour le dessin à la craie, considérait les autres conneries – quand le lendemain matin, on frappa doucement à la porte d'entrée. Mathilde l'ouvrit si vite que sa sœur n'eut pas le temps de disparaître ni même de cacher son métier, lorsque le visage agréable d'âge moyen de Mme Rolt apparut à la porte.

«Je suis Mme Rolt, une voisine très proche. Puis-je entrer et voir Mme Arthur, si elle est à la maison ? dit la cousine Julia. Ses yeux doux étaient pleins de curiosité. Elle jeta un coup d'œil à l'arrière-plan même du tableau, à la profondeur du renfoncement dans lequel Nancy se tenait, ses crayons à la main. Sa silhouette paraissait plus grande qu'elle ne l'était dans la longue robe noire moulante ; et le petit bonnet serré de filet transparent sur sa tête ressemblait à un morceau de costume conventuel ; et elle portait une croix de jais au cou, ce qui augmentait cet effet. Mme Rolt pensait qu'elle ressemblait à la mystérieuse dame d'un roman avec un secret intéressant. Elle regarda Nancy, même si Matilda était la plus proche. "Je ne sais même pas qui est Mme Arthur", dit-elle avec l'un de ses sourires complices. Nancy s'avança et posa les crayons. Elle fit une sorte de salutation indéfinissable, moitié salut, moitié révérence, à l'étranger. C'était maladroit et timide, mais ce n'était pas disgracieux. Mathilde se contenta de sourire cordialement, ce qui répondait tout aussi bien à son objectif, il faut l'admettre ; mais il était peu probable que Mathilde devienne jamais la femme d'un ambassadeur, appelée par son devoir d'être solennellement polie envers le monde entier. «Je suis si heureuse de faire votre connaissance», dit Mme Rolt; « J'ose dire que tu me vois parfois, comme je te vois. J'ai souvent et souvent regardé à travers ; et j'aurais dû appeler, mais j'avais peur que vous pensiez que je vous dérangeais. Cependant, on m'a dit hier que c'est Miss Curtis, dont vous avez sûrement entendu parler, qui m'a dit que je devrais venir ; et j'étais très heureux de l'entendre dire cela. Avez-vous rencontré l'une des Curtises, Mme Arthur ? Ce sont, comme vous le savez bien sûr, les principaux personnages ici.

« J'ai rencontré… un membre de la famille ; il y a longtemps;" » dit Nancy en tremblant. Mais elle ne put se retenir, car elle sentit soudain qu'elle devait entendre parler d'Arthur ou mourir.

« Vraiment ? Je me demande lequel ce serait. Je ne devrais pas me demander si c'était Arthur – Arthur est celui qui a le plus existé au monde. Et oh, quel triste sort pour lui, le pauvre garçon ! Il a épousé une fille ordinaire ou autre – je ne veux rien dire contre son caractère, vous savez ; mais ce n'était pas une dame. Et au bout d'un moment, il dut se séparer d'elle. Quelle triste affaire ! et le pauvre cher Arthur était le garçon le plus gentil, le pauvre garçon ! Je suppose que vous avez dû le rencontrer à Londres. Comme cette pauvre chère Lady Curtis sera intéressée.

"Oh, ne dis pas que je l'ai rencontré!" s'écria Nancy dont les joues brûlaient. « Ce n'est peut-être pas la même chose ; c'est peut-être une erreur. N'était-il pas heureux avec sa femme ?

Matilda s'est placée derrière Mme Rolt et a fait un signe d'avertissement à sa sœur. Les yeux de Nancy étaient flamboyants, son visage imprégné de pourpre. Tout spectateur moins placide et moins observateur aurait immédiatement compris son secret.

« Oh, le pauvre ! il était terriblement amoureux d'elle, je crois, comme le sont si souvent les jeunes hommes lorsqu'ils se marient hors de leur condition ; mais ils se sont séparés, vous savez, donc je suppose qu'ils n'ont pas pu être heureux. Nous les attendions ici, et toutes sortes de préparatifs ont été faits, et notre chère Lady Curtis était très excitée. Et puis tout d'un coup, tout fut annulé, et le pauvre Arthur descendit tout seul, l'air bien misérable, le pauvre garçon ! Je me demande souvent s'ils se retrouveront un jour. C'est vraiment dommage, un jeune homme qui a tout devant lui ! Mais bien sûr, cela met un terme à sa vie ; que peut-il faire? coupé de tout ! Car les gens ne se soucient pas d'encourager dans la société un jeune homme séduisant comme celui-là, qui est marié et pourtant ne l'est pas pour ainsi dire. Ah ! » » dit Mme Rolt en prenant une longue inspiration ; « comme je cours ! Comme si vous, qui êtes étrangers aux lieux, pouviez être aussi intéressés que nous par les Curtises. C'est très gentil de votre part d'écouter, j'en suis sûr.

CHAPITRE VII.

Nancy après cet entretien avec Mme Rolt était grande. Il ne lui était jamais venu à l'esprit auparavant de penser aux sentiments qui pourraient légitimement affecter la famille et les amis d'Arthur à l'égard de son mariage. Qu'ils la « méprisaient » – la méprisaient comme une pauvre fille, se moquaient d'elle comme n'étant pas une dame, était assez compréhensible et l'éveillaient à un défi sauvage. C'est ce qui a fait naître le principe selon lequel elle était « aussi bonne qu'eux » dans son sein indiscipliné, et qui a conduit à tous les malheurs qui ont suivi. Mais lorsqu'elle entendit ainsi simplement quel était l'état des sentiments de l'autre côté, et surtout les lamentations sur la vie gâtée d'Arthur avec lesquelles Mme Rolt avait conclu, le cœur de Nancy, qui avait été tremblante de confiance, commença à se serrer. S'il en était ainsi – et bien sûr, cela devait être ainsi – pouvait-il lui pardonner de l'avoir, par sa perversité, voué à un tel sort ? Elle l'avait souvent imaginé avec jalousie comme « s'amusant » dans la société inconnue dont elle ne connaissait rien ; mais il ne lui était jamais venu à l'esprit qu'Arthur était dans une fausse position dans cette société, un homme marié, mais pas un homme marié ; mieux lotie, sans doute, qu'une femme dans la même situation, mais mal lotie quand même ; considéré d'un air dubitatif, n'appartenant pas à une classe ou à une autre. Était-ce à cela qu'elle l'avait condamné ? Si elle avait été raisonnable, si elle l'avait accompagné lorsque Lady Curtis avait fait tous ces préparatifs pour sa réception, tout cela aurait pu être évité. Cela lui procurait un étrange frisson de penser que Lady Curtis, qui était maintenant si près d'elle, s'était préparée à la recevoir, et qu'elle avait elle-même été agitée à l'idée de rencontrer la femme de son fils.

"Si j'allais maintenant et lui disais, que dirait-elle?" se demanda Nancy. Ce serait complètement différent. La femme d'Arthur avait autrefois droit à tout. La femme d'Arthur maintenant, à quoi avait-elle droit ? rien que l'aversion et l'opposition de la famille d'Arthur. Elle leur était étrangère, une ennemie !

« Si cela vous fait un tel effet, de voir quelqu'un qui les connaît, même si elle ne leur appartient pas, dit Mathilde, que vous feront-ils s'ils viennent eux-mêmes ? et cette jeune dame a dit qu'elle viendrait elle-même — et oh ! n'a-t-elle pas des yeux vifs ? elle vous lira entièrement dans un instant.

« Laissez-moi tranquille », dit Nancy ; « tu penses que je me soucie de qui vient ? J'ai plus de contrôle sur moi-même que vous ne le pensez.

« J'aimerais en voir d'autres signes », dit Matilda ; « Je croyais que vous aviez réparé vos bêtises ; mais vous voilà de nouveau, marchant de long en large et vous déchaînant aussi fort que chez vous. Si tout cela doit recommencer à la première mention d'Arthur, pourquoi avez-vous quitté Arthur ?

"Parce que j'étais fou, je pense;" dit Nancy.

«Eh bien, c'était toujours mon opinion. Votre mari, un gentil jeune homme bien disposé, qui aurait tout fait pour vous plaire ! et tout cela pour nous, à la maison, qui vous aimions bien ; mais je ne voulais pas beaucoup de toi, Nancy.

« Vous êtes cruel, très cruel de me le dire, s'écria Nancy, de me le dire maintenant !

"Eh bien, c'est la seule fois où j'aurais pu vous le dire", dit Matilda avec calme. « Je ne l'aurais pas dit alors pour vous blesser ; mais on ne peut plus blâmer les pauvres vieux père et mère, et c'est tout à fait vrai. Lorsqu'une fille s'est mariée et est partie avec un mari, qui veut qu'elle revienne à la maison ? Mais personne ne serait méchant et ne vous blesserait ; et maintenant vous entendez la même chose de l'autre côté. Quand des gens mariés sont séparés, que peut-on penser sinon que quelque chose ne va pas ? d'un côté ou de l'autre, tout ne fait qu'un. Mais entre vous, il n'y a rien de mal, seulement vos colères − seulement votre colère, Nancy, devrais-je dire, pour Arthur, je dirai que pour lui, il a toujours résisté bien plus que ce qu'il aurait dû supporter, bien plus que moi. ont pris sa place.

Nancy ne répondit rien. Elle se retira dans sa fenêtre encastrée, posa sa tête dans ses mains parmi tous les « déchets » de feuilles d'automne dont Mathilde était si sévère et pleura. Tout était vrai. Tant que son père et sa mère vivaient, il y avait une sorte d'ancre dans son âme rebelle dans la pensée qu'Arthur et sa famille les avaient méprisés et condamnés, qu'elle était tenue de défendre et de justifier ; et cela donnait une certaine raison et une certaine excuse à sa propre conduite, qui en soi ne supportait pas un examen plus approfondi. Ses livres, d'où elle avait tiré des informations si étranges et hétérogènes, ne l'avaient pas beaucoup guidée dans la voie de la pensée ; mais le fait d'être éloigné de toute période passionnante de l'histoire individuelle suffit en soi à y jeter une froide lueur de lumière inconfortable, lumière à laquelle nous échapperions dans la plupart des cas si nous le pouvions. Nancy y avait échappé par une action impulsive après le changement qui l'avait obligée à réfléchir, les deux morts qui l'avaient pour ainsi dire jetée à la dérive dans le monde. Elle s'était précipitée sur une chose et une autre, avait renoncé à son allocation, avait démissionné de sa villa, s'était installée ici, sans se laisser beaucoup de temps pour réfléchir ; mais maintenant le moment de retard ne pouvait plus être retardé, et elle était obligée de réfléchir. Rétrospectivement, il n'y avait pas grand-chose de satisfaisant. Était-il possible qu'ils n'aient pas voulu d'elle à la maison ? et qu'elle avait gâché la vie d'Arthur ainsi que la sienne ? Pour quoi? Elle ne pouvait pas le dire. Parce que sa famille « la méprisait », parce qu'il refusait de vivre à Underhayes, parce qu'elle était stupide, impétueuse et déraisonnable. Et maintenant, quelle perspective y avait-il que le mari qu'elle avait ainsi méprisé, et sa famille qu'elle avait défié et blessé à travers lui, seraient prêts à pardonner, à la prendre en faveur ? Un désespoir passager envahit Nancy. La première fois qu'un jeune esprit impétueux voit ses propres défauts et se désapprouve complètement , quel moment ce sera ! La réprimande envers autrui s'accompagne le plus souvent d'une impulsion d'auto-défense qui va à l'encontre du jugement de soi ; mais quand d'abord, dans le silence, sans être accusée par personne, l'âme se lève et se juge elle-même, quelle douleur y a-t-il dans la conviction toujours tardive, trop tard peut-être, toujours tard, après avoir souffert et fait souffrir, distraite dans le dans le meilleur des cas, avec la question désespérée de savoir s'il peut encore y avoir un lieu de repentir. Matilda, assise calmement à son travail d'aiguille, n'avait pas la moindre idée du désespoir passionné qui régnait dans l'esprit de Nancy alors qu'elle était assise là et pleurait. Que allait-elle devenir ? La sœur aînée avait été assez inquiète à ce sujet lorsque Nancy avait eu la folie de renoncer à son allocation. Matilda elle-même s'était installée pour rejoindre Charley en Nouvelle-Zélande, où les jeunes femmes utiles comme elle étaient, elle le savait, recherchées, comme épouses d'hommes et dans d'autres fonctions domestiques ; mais elle ne voulait pas abandonner sa folle sœur – et maintenant Mathilde attendait avec suffisamment de sang-froid la solution de la question : qu'allaient-elles devenir ? Si, une fois leur secret transparent découvert, les Curtis se montraient disposés à prendre en charge la femme d'Arthur, Matilda avait l'intention de lui donner une part si nette de son esprit qu'il ne pourrait plus y avoir aucune possibilité d'auto-illusion de la part de Mathilde. de Nancy; et de lui présenter sur-le-champ l'option du retour à ses fonctions ou de l'émigration immédiate ; mais, en attendant, jusqu'à ce que cette crise arrive, la raisonnable Mathilde pouvait attendre. Elle travaillait tranquillement dans sa propre entreprise pour la Nouvelle-Zélande à ce moment précis, tandis que Nancy étudiait ses livres, dessinait ou « jouait » avec les « détritus » qui jonchaient la pièce. Mathilde, comme la plupart des gens, avait du respect pour l'éducation, et peut-être qu'il y avait du bien dans tout cela ; mais tandis que cette préparation fantastique et non dirigée pour quelque chose, elle ne pouvait pas dire quoi, se passait avec Nancy, Matilda faisait ces préparatifs concrets qui ne peuvent jamais être inutiles. Elle confectionnait ses chemises pour le voyage tandis que l'autre essayait de se faire « une dame ». L'une des tentatives peut échouer, mais pas l'autre ; et elle continua ainsi à travailler sans relâche, totalement inconsciente des poussées sauvages de désespoir et d'auto-condamnation dans l'esprit de Nancy. Mathilde ne savait pas quels étaient ces sentiments. Elle-même avait toujours fait son devoir, et quant à Nancy, elle avait été très bête, et ce n'était plus le cas. Si elle persistait à être stupide, Mathilde était pleinement convaincue en elle-même qu'elle prendrait le commandement des affaires et ramènerait la fantastique jeune femme à la raison, en lui donnant au moins une partie de son esprit.

Les choses continuèrent ainsi pendant une semaine ou deux après la visite de Mme Rolt ; rien d'autre ne venait troubler le calme des sœurs, et Nancy avait au moins besoin d'être stimulée par quelque chose de nouveau. Elle était désespérée à cause de ses lectures, de sa quête consciencieuse de connaissances et de réalisations. Si les choses devaient toujours continuer comme maintenant, à quoi bon ? Chaque jour, elle se levait en espérant que quelque chose arriverait, quelque rencontre qui vivifierait le sang dans ses veines ; mais rien ne s'est passé. Il faisait un temps pluvieux, et pas même une évasion de justesse de rencontrer Lucy, ni aucune chance d'être reconnue – ce danger qu'elle prétendait craindre et qu'elle désirait secrètement – ne s'était jamais produite. La vie du village était très ennuyeuse et tranquille, et les sœurs n'avaient aucune distraction naturelle, aucune pause dans la lourdeur et la monotonie des journées pluvieuses d'automne. Pour Mathilde, en effet, c'était une occupation suffisante pour s'occuper régulièrement de ses chemises, et elle se réjouissait même du calme qui lui permettait de « faire tant de choses ». Mais Nancy, même sans le sentiment d'incertitude quant à son sort qui la rendait inquiète, n'était pas suffisamment placide de nature pour avoir vécu sans rupture ni changement ; et tout son plan de vie, aussi artificiel qu'il avait été depuis le début, était désorganisé et brisé. Elle avait tout espéré au début, en faisant une petite romance de l'histoire : comment Arthur viendrait la chercher dès qu'il saurait « ce qui s'était passé » ; comment, ne parvenant pas à la trouver à Underhayes, il se précipitait partout pour la chercher, faire de la publicité pour elle, la poursuivre de loin et de près ; comment il revenait tristement à la maison pour dire à sa mère que sa Nancy était perdue à jamais et que son cœur était brisé ; et ensuite la retrouverait, transformant tous les ennuis en joie. C'était l'imagination que la folle avait gardée dans son cœur ; mais il n'y avait aucun signe ou apparence qu'il en résulterait quoi que ce soit. Au contraire, elle commençait à percevoir à peu près la situation réelle ; elle voyait ce qu'elle avait causé à son mari par son abandon sans cause, et un peu de la lumière sous laquelle sa conduite devait apparaître aux autres ; et comment pouvait-elle être sûre qu'il était désormais prêt à pardonner, prêt à lui ouvrir à nouveau les bras ? Cette pensée troublait toute la confiance de Nancy dans ses progrès, dans sa lecture, son français, son *étude joliment nuancée* . À quelle folie ces travaux tourneraient-ils s'il les méprisait et ne s'intéressait pas à son amélioration ! Cela ne lui servirait à rien d'être une dame à moins qu'elle ne se réconcilie avec Arthur ; et si se réconcilier n'était plus le désir d'Arthur ?

Cependant Mme Rolt, de son côté, était très agréablement émue et excitée par les nouveaux voisins, chez qui sa visite avait provoqué une excitation d'un genre si différent. Elle s'est précipitée vers la salle pour raconter l'histoire, dans son imperméable et ses goloshes. Il faisait trop humide pour que Lucy s'aventure au village ; mais la cousine Julia aurait pu s'aventurer n'importe où, grâce à la nouvelle qu'elle avait maintenant à porter. Elle raconta qu'elle était allée l'appeler, émue surtout par les encouragements de Lucy.

« Car je pensais que si Lucy pensait que c'était la bonne chose à faire, vous deviez le penser, chère Lady Curtis ; et bien sûr, vous le savez mieux que moi. Il y a quelque chose de très étrange chez eux. Celui qui est marié est très différent de l'autre. Je suis sûr que c'est une personne très accomplie, très belle. Je devrais penser qu'elle doit être quelque chose de très artistique, et peut-être qu'elle est montée sur scène. Oh non, elle n'a rien dit qui puisse me faire penser cela ; mais il y a quelque chose en elle : très belle, avec un si joli teint, de beaux yeux et de beaux cheveux. Mais l'autre est plutôt simple, une gentille petite femme sympathique. Ma propre opinion, si vous me le demandez, dit mystérieusement Mme Rolt, c'est qu'elle n'est pas veuve. *Je* devrais dire que M. Arthur, quel qu'il soit, n'est pas meilleur qu'il ne devrait l'être ; et il a brisé le cœur de sa pauvre femme et l'a chassée loin de lui. C'est mon idée. Sam dit "Fudge!" mais ensuite il dit toujours « Fudge ». J'aurais aimé connaître les droits de l'histoire ; et vous verrez, cela ressemblera à ce que je dis.

« Sur scène, la jeune femme était-elle sur scène ? J'espère qu'elle n'introduira aucun goût pour ce genre de choses dans le village, dit Sir John, qui était venu comme d'habitude prendre sa tasse de thé.

"Oh, chérie, non, non, je ne voulais pas dire ça. Elle n'est qu'une sorte de jeune créature mystérieuse et charmante – si supérieure, et pourtant avec une sœur si simple ; et si beau – et tout seul, vous savez – qu'on aurait pu être sur scène, comme on le lit dans les livres ; quelque chose de tout à fait romantique et de si intéressant, comme un roman », s'écria Mme Rolt.

"J'espère que cela arrivera au troisième volume et nous divertira tous", a déclaré Lady Curtis. « Nous voulons nous amuser un peu par ce temps pluvieux. Peut-être que le mari reviendra et se révélera également beau et supérieur : ou peut-être apprendra-t-elle sa mort. Qu'y a-t-il, Lucy ? Vous avez renversé votre thé sur mes équipages ! »

« Non, je me suis seulement un peu brûlé les doigts. Je n'aime pas vous entendre régler tout ce qui concerne le mari, comme si nous étions sûrs que c'était lui le coupable.

"Ah, eh bien", dit Lady Curtis avec un soupir. Cela lui rappela une autre histoire, comme sans doute celle de Lucy ; et après cela, on n'en dit plus rien. Certes, se disait Mme Rolt, tandis qu'elle rentrait chez elle dans le coupé que Lady Curtis (toujours si gentille !) insistait pour lui réserver, ce n'était peut-être pas juste de parler de quoi que ce soit qui puisse rappeler le voyage du pauvre Arthur. tristes circonstances. Mais c'était évidemment une jeune créature si différente, si intéressante ; et le cher Sir John avait été très amusé.

Le lendemain, Lady Curtis et sa fille étaient toutes deux au village. Après les premières pluies d'automne, une journée ensoleillée est très tentante ; et la promenade dans l'avenue était agréable, et le village profitait du soleil avec une véritable joie, comme si les vieilles maisons rouges savaient combien il est opportun de profiter du peu de chaleur et de luminosité qui reste possible. Lady Curtis était assise à la fenêtre de la cousine Julia pendant qu'elle attendait Lucy et regardait, non sans satisfaction, le village, si tranquille qu'il fût. De voir les femmes à leur porte faisant la révérence au recteur au passage, et les enfants s'écartant de son chemin, et la charrette aux paniers, conduite par deux vagabonds rauques et stridents, qui faisait en ce moment une marche triomphale à travers le pays. rue, cela changeait du vert détrempé du parc, que l'on voyait depuis les longues fenêtres de la salle du matin. C'était une femme qu'il était facile d'amuser, et cette simple variété lui plaisait. Elle regardait avec un sourire ce paysage champêtre, quand l'apparition soudaine de deux personnages inconnus la surprit ; et lorsque Bertie s'arrêta pour leur parler avec beaucoup d'apparence de cordialité et d'intérêt, Lady Curtis fut intéressée.

"Qui sont ils?" » demanda-t-elle avec la curiosité immédiate d'une grande dame du comté, presque offensée qu'un nouvel individu inconnu d'elle apparaisse, pour ainsi dire, dans les rues mêmes de sa métropole sans sa permission. «Je n'ai jamais vu Bertie aussi impatient auparavant; il a l'air d'avoir oublié pour un moment qu'il doit être lui-même la première personne à laquelle on pense. Qui est-elle, Julia ? s'écria Lady Curtis.

Mme Rolt arriva précipitamment de l'autre bout de la pièce, où elle préparait le thé.

"Oh, c'est l'inconnu mystérieux - c'est Mme Arthur - c'est la charmante créature dont je vous ai tant parlé. Ne la trouvez-vous pas très belle, ne la trouvez-vous pas intéressante ? Je suis tellement contente que tu l'aies vue ! Oui, Bertie est très polie avec eux. Il retourne à leur porte avec eux ; mais on ne lui fait jamais entrer. Je dois dire qu'il n'y a jamais rien eu de plus prudent. Ils ne l'encouragent jamais à venir ; et bien qu'il soit recteur, c'est un jeune homme, vous savez, et agréable. Je devrais certainement dire que Bertie était d'accord, si mon opinion avait du poids.

"Alors c'est votre mystérieuse jeune femme?" » dit Lady Curtis. « Non, Julia, non, elle n'est jamais montée sur scène. Ils ne marchent jamais comme ça quand ils sont sur scène. Elle ne sait pas marcher ; mais il y a une sorte de grâce chez elle. Je ne peux pas dire si elle est belle ou non ; mais qu'est-ce qu'une telle femme peut bien vouloir ici ?

"C'est exactement ce que je n'ai jamais pu comprendre", a déclaré la cousine Julia, ravie de s'ouvrir sur son sujet favori. Nancy se retourna alors, inconsciente des yeux fixés sur elle, pour regarder la charrette avec les paniers, et s'exposa ainsi sans s'en apercevoir au plein regard de la mère de son mari. Sa longue robe noire donnait à sa taille une certaine dignité, attirant l'attention par sa simplicité même, ainsi que le petit bonnet noir serré avec son bord blanc qui entourait son visage. Nancy, dans son costume ordinaire et son humeur ordinaire, n'avait jamais paru aussi distinguée ou aussi charmante. Lady Curtis ne pouvait détacher ses yeux de ce visage si doucement teinté, si purement frais et si sévèrement encadré.

« Pourquoi ne me l'as-tu pas dit avant ? La fille est une beauté ! dit-elle.

"Une beauté?" dit Lucy en entrant dans la pièce ; et elle aussi regardait derrière l'épaule de sa mère. Avait-elle déjà vu ce visage auparavant ? se demanda-t-elle avec une inquiétude qu'aucun des autres ne devinait. Elle ne l'avait vu qu'une seule fois, pendant une minute ou deux, entouré de nuages d'un blanc nuptial. Était-il probable qu'elle puisse le reconnaître maintenant dans cette sévérité presque conventionnelle de son costume ? Elle se laissa tomber derrière sa mère, à moitié satisfaite, à moitié déçue, et ne prêta aucune attention aux autres commentaires de Lady Curtis, qui ravirent Mme Rolt. Si ce n'était personne qu'elle avait jamais vu auparavant, qu'importe à Lucy de savoir qui c'était ? Mais lorsque les deux dames eurent quitté la cousine Julia, après avoir fait quelques pas sur le chemin du retour, Lady Curtis s'arrêta brusquement.

« Ne pensez-vous pas, Lucy, dit-elle d'un ton conciliant, que ce serait gentil de faire appel à ces nouvelles personnes ? Ils doivent se sentir très étranges dans cet endroit calme ; et comme elle a vraiment l'air d'une dame…

«Je veux bien y aller, maman;» dit Lucy en sentant son cœur battre plus vite malgré elle.

"Mais ne penses-tu pas que ce soit seulement un devoir ?" » dit Lady Curtis. Elle voulait être persuadée qu'elle devait y aller – et non pas simplement parce qu'elle était curieuse, ce qui était la véritable raison ; mais comme Lucy ne répondit pas davantage, sa mère, utilisant sa propre impatience d'humeur comme raison pour faire ce qu'elle voulait, se retourna brusquement avec un petit air d'agacement envers Lucy et se dirigea directement vers la porte de la maison. La cousine Julia la vit et frappa presque dans ses mains de plaisir tandis qu'elle se cachait derrière les rideaux et regardait ; et les deux personnes du Wren Cottage, qui regardaient également depuis leurs fenêtres depuis leur arrivée, la virent aussi et se préparèrent pour la visite avec une excitation indescriptible. Les mouvements de Lady Curtis étaient si rapides qu'elle avait frappé à la porte, et Matilda avait ouvert, avant que Nancy, qui se tenait derrière, ait surmonté son premier sursaut haletant d'agitation et de suspicion. Elle était debout, un peu penchée en avant, les mains jointes, les lèvres ouvertes et haletante d'excitation, lorsque les visiteurs l'aperçurent pour la première fois. Lady Curtis était dans un petit rayon de plaisir et d'intérêt.

«J'avais entendu parler de Mme Arthur comme d'une nouvelle voisine», dit-elle; "J'espère pouvoir entrer et présenter mes respects, même s'il se fait tard."

« Oh, entrez, entrez, ma dame ; » s'écria Mathilde en s'empressant officieusement de placer des chaises pour les grandes dames. Le cœur de Mathilde ne battait pas tellement dans sa poitrine qu'elle pensait qu'il devait s'échapper complètement, mais celui de Nancy l'était, lorsqu'elle se sentit soudain en présence de ces deux dames, avec lesquelles son propre destin était si étroitement lié. Elle tenait son cœur avec sa main, pour qu'il ne sorte pas de sa gorge, et elle reprenait son souffle et ne pouvait rien dire ; et il n'était pas étonnant que lady Curtis fût flattée par l'impression produite par sa visite et pensât qu'elle n'avait jamais vu un visage aussi expressif auparavant.

« Ma sœur sera très heureuse de faire la connaissance de Votre Seigneurie », dit Mathilde. « Quelle belle journée et quelle bénédiction après la pluie ! Nous commencions à penser que tout n'irait plus jamais bien. Anna ! ne voyez-vous pas ma dame, et n'avez-vous pas un mot à dire ?

"C'est très gentil de la part de Lady Curtis de venir", dit Nancy avec difficulté. Elle ne pouvait pas détourner son regard des deux. Et Lucy la regardait derrière sa mère avec à nouveau un frisson d'émerveillement et de suspicion. Pourquoi était-elle si agitée ? pourquoi y avait-il de quoi s'agiter ?

« J'espère que vous aimez notre village », dit Lady Curtis ; « Très peu de gens le voient, à l'exception des gens du lieu, donc il n'est pas autant admiré qu'il devrait l'être, pensons-nous. C'est un joli village ; mais j'espère que vous ne trouverez peut-être pas cela très ennuyeux à mesure que l'hiver avance.

« Oh, nous ne cherchons pas grand-chose ; nous sommes habitués à vivre très tranquillement... »

« C'est bien, » dit lady Curtis ; car Oakley est très calme, si calme en hiver que je crains fort que vous n'ayez peur. Le passage d'un étranger est un événement. Aujourd'hui, par exemple, c'était assez gai ; une charrette de colporteur, un objet des plus pittoresques, et lorsque vous êtes apparues, deux dames que je n'avais jamais vues auparavant, cela est devenu tout à fait excitant. Hyde Park est rarement aussi plein de nouveautés pour moi.

Ils la regardèrent tous les deux un peu, ne sachant que dire.

« La charrette avait l'air plutôt gaie », dit Mathilde ; «J'ai pensé exactement comme Votre Seigneurie le dit. Certains paniers étaient plutôt jolis et c'était agréable de le voir. Mais je n'ai pas pu persuader Na, ma sœur, d'en acheter, conclut-elle précipitamment. Quel regard de feu lui lançait les yeux de Nancy !

«Nous n'en voulions pas», dit-elle; faisant un pas de plus. Elle était trop agitée pour s'asseoir ; son cœur battait en effet plus doucement et sa respiration était plus calme ; mais être ici dans la même pièce avec eux deux, leur parlant indifféremment, comme si elle ne les connaissait pas, comme si elle n'était pas dévorée du désir de les concilier ! côté pour les défier ouvertement. Pour la première fois, Nancy sentit à quel point elle ne pouvait pas compter sur elle-même. Ils pourraient dire quelque chose, ils pourraient même regarder quelque chose, qui l'offenserait et l'enverrait sur une tangente. Elle ne sentait aucune force en elle pour se guider. Même à présent, alors qu'il n'y avait ni offense ni *rapprochement* , comme elle était sauvage et essoufflée, comme elle était incapable de gérer la situation ! Cela doit dépendre entièrement de ce qu'ils feraient ou diraient.

« Vous avez des ressources, je vois, » dit Lady Curtis, « les livres vous protègent contre tout. Mais... ajouta-t-elle en fermant précipitamment celui qu'elle avait ouvert sur la table. « Ce n'est pas une lecture courante. Est-ce une jeune diplômée aux cheveux dorés que nous avons parmi nous sans le savoir. Elle sourit gracieusement en parlant. Et Nancy devint rouge, pâlit et s'assit, mais seulement parce que ses membres tremblaient sous elle.

«Je sais... très peu», dit-elle humblement, à peine capable de maîtriser sa voix.

"Mais ce n'est pas du tout une fille", a déclaré Matilda. « C'est une femme mariée, même si vous ne le penseriez pas, ma dame ; et elle aime beaucoup son livre. Na—Anna, montrez à Madame ce beau dessin que vous faites ; c'est ce à quoi elle pense le plus.

"Les feuilles? quelle charmante guirlande ! » dit Lady Curtis. Les « poubelles » avec lesquelles Nancy s'amusait étaient fixées contre le mur avec deux épingles. Nancy, elle-même, trouvait cela plutôt joli, mais rien à voir bien sûr avec l' *étude* aux craies.

« Oh non, pas ça ! tout cela n'a aucun sens. Il n'est pas digne que Votre Seigneurie le regarde ; mais regardez ici, ma dame, dit fièrement Mathilde. Lady Curtis jeta un regard négligent sur le dessin, que la sœur trouvait si supérieur ; puis il se tourna avec beaucoup d'admiration vers la couronne accrochée au mur.

« Je dois essayer de vous convaincre, » dit-elle, « après un certain temps, quand vous nous connaîtrez, de faire quelques dessins pour moi, pour mes équipages. Comme ils fonctionneraient à merveille ! Écoute, Lucy ! »

« Ils sont très intelligents », dit Lucy en s'approchant pour voir ; les sœurs n'en croyaient pas leurs oreilles ; et jamais, bien que Nancy ait connu la douceur du triomphe d'une jeune fille, qu'elle ait « eu des offres » avant Arthur et qu'elle ait goûté la douceur de l'adoration d'un jeune amant, jamais l'orgueil satisfait n'avait autant touché son cœur qu'en ce moment ; son visage s'éclaira de sa crainte et de son inquiétude anxieuses.

« Tu penses vraiment, vraiment ça ? que je pourrais faire des dessins… pour toi ?

Lady Curtis pensait avoir tout compris ; de toute évidence, ils étaient pauvres, et cela promettait peut-être une occupation qui aiderait leurs pauvres petits bouts à joindre les deux bouts. « En effet, vraiment, vraiment », dit-elle, satisfaite de la simplicité des mots, « si vous voulez être si gentil et si vous vous donnez autant de peine. Je vous montrerai ce que je fais maintenant lorsque vous viendrez me voir au Hall.

La tête de Nancy tournait dans une douce ivresse de plaisir. Ces regards bienveillants, ces paroles bienveillantes de cette redoutable belle dame, qui avait été son épouvantail, qu'elle détestait en imagination et qu'elle prêtait de toutes les mauvaises qualités, la bouleversaient. Et la présence de Lucy donnait un frisson de danger, mi-alarmant, mi-délicieux, à cette étrange extase de sentiment. Si Lucy l'avait reconnue ! Elle disait quelque chose, elle pouvait à peine dire quoi, à propos de rien qu'elle pouvait faire qui soit assez bon, quand Lady Curtis, toujours la regardant, souriante, la prosterna avec la question innocente :

« Vous avez rencontré mon fils – dans la société – Mme. Rolt pense… »

Nancy sursauta de sa chaise, incapable de se retenir. "Oh non non!" dit-elle en tremblant – non pas, allait-elle dire, en société, mais elle changea cela par instinct plutôt que par raison, « non pas… votre fils ; Je lui ai dit après que c'était… une erreur ; seulement quelqu'un du nom.

"Ah!" » dit Lady Curtis avec un petit soupir. «Je suis déçu. Je pensais que c'était mon Arthur. Peut-être s'agissait-il donc d'un de mes neveux, les fils du général ? Le Recteur en fait partie. Mon fils n'est pas à la maison depuis plus de deux ans – cela fait longtemps que je ne le vois pas. J'espérais bien, ajouta-t-elle avec une amitié flatteuse, que c'était lui que vous connaissiez.

Encore une fois, la tête de Nancy tournait en rond. Ne devrait-elle pas se jeter aux pieds de cette dame qui lui souriait si gracieusement et lui dire tout ce qu'Arthur était pour elle ? L'impulsion était presque trop forte pour qu'on puisse y résister. Alors qu'elle se tenait debout à la veille de cette ruée, Lucy, passant par là pour reprendre sa place après avoir examiné le dessin, lui lança un regard interrogateur, interrogateur, méfiant. Cela a ramené Nancy sur des bases solides. Elle jeta un regard alarmé et confus autour d'elle, n'osant pas se permettre de parler.

« Je suis sûre que ma sœur serait heureuse si vous aviez la photo, ma dame, » dit Matilda, « puisque vous l'aimez – même si je suis sûr que je ne comprends pas pourquoi. Ce ne sont que des feuilles que nous avons récupérées de votre parc. Anna et moi y marchons souvent. Il fait un peu humide à cette époque de l'année ; mais il doit faire beau en été, si nous restons jusque-là.

« J'espère que vous resterez, » dit Lady Curtis en se levant, « vous devriez voir Oakley dans toute sa beauté ; et j'espère que vous viendrez nous voir Lucy et moi, ajouta-t-elle en lui tendant la main. Nancy ne savait pas ce qui lui arrivait lorsque cette main douce pressa la sienne. — Et si nous pouvons vous être utiles, puisque vous êtes seul ici, j'espère que vous me le direz, dit Lady Curtis.

"Bien !" dit Mathilde lorsque la porte se fut refermée sur eux, et qu'elle avait observé leurs silhouettes par la fenêtre. « Eh bien, Nancy ! que penses-tu d'elle maintenant ? Je ne souhaite jamais voir une dame plus gentille, plus civile, plus agréable, plus amicale ; et c'est pour cela que tu faisais tant d'histoires, comme si elle était un monstre et qu'elle allait te manger ! Je me mettrais à genoux devant la Providence pour me donner une belle-mère comme celle-là. Pas la moindre fierté, comme si nous avions été les meilleures dames du pays. Oh, Nancy, Nancy ! quel imbécile tu as été ! si seulement ma pauvre mère savait.

Mais Nancy n'avait plus à se défendre ni à répondre. Elle s'était couvert le visage avec ses mains ; tout son corps la picotait, sa tête tournait, son cœur plein de troubles et de plaisir, de confusion et de désespoir. Quelle idiote, quelle idiote elle avait été ! cela, en effet, était au moins vrai au-delà de toute mesure.

Quant à Lady Curtis, elle était enchantée de sa nouvelle connaissance. "Il y a un mystère là-dedans", dit-elle alors qu'ils s'éloignaient d'un pas vif. « Il est facile de voir que la sœur est d'une classe et d'une race très différentes de cette touchante jeune créature aux yeux bleus. Est-ce vraiment une sœur, je me le demande, ou une vieille servante pour la protéger ? Je ne sais pas quand j'ai été autant intéressée », a-t-elle déclaré.

Quant à Lucy, elle ne dit rien ; son esprit était plein de doute et de confusion. Elle ne savait pas quoi penser, et il n'y avait rien qu'elle puisse dire en toute confiance.

CHAPITRE VIII.

D URANT n'était pas allé à Oakley depuis plus d'un an. Aucune invitation ne lui était parvenue, bien qu'il corresponde toujours avec Lady Curtis dans les mêmes termes confidentiels et affectueux qu'auparavant ; et son cœur était devenu malade à cause de cette pause de stagnation dans sa vie. Il y a des moments où ce que nous avons supporté avec un calme passable pendant des années nous devient tout à coup intolérable ; et c'est particulièrement le cas des hommes qui, après avoir travaillé dur et consciencieusement sans grande récompense personnelle, sont soudainement émus par quelque piqûre accidentelle de voir que leurs meilleures années s'éloignent d'eux, sans aucun des délices qui appartiennent à cette couronne de vie. existence. Pourquoi ce sentiment aurait-il dû envahir Durant après sa visite tardive à Underhayes, et non lors de ses visites précédentes, alors qu'il avait vu son ami Arthur, beaucoup plus jeune que lui, jouir d'un bonheur dont il ne lui était pas donné de jouir, cela expliquerait pourquoi être difficile à dire. Peut-être que le bonheur d'Arthur, tant qu'il durait, était trop plein d'inconvénients pour attirer son ami, à qui il n'aurait jamais été possible de courtiser son amour dans le salon de Mme Bates, dans le dos de la famille. Mais curieusement, lorsque la famille fut balayée et que toute sa misère était devenue pathétique ; et lorsque le bonheur d'Arthur fut tombé en poussière et devint apparemment une chose irréparable ni même espérable, alors, et alors seulement, il stimula la passion endormie dans les veines de Durant. Il se dit que perdre complètement la chance du bonheur en attendant ainsi passivement qu'il tombe sur lui des nuages, était peut-être en fin de compte une plus grande folie que même la folle folie qui avait ruiné Arthur. Arthur, en tout cas, au pire, avait eu sa chance ; tandis que Lewis, selon les apparences, ne devait jamais avoir sa chance, mais seulement travailler et travailler pour le bien des autres jusqu'à ce que sa capacité de joie soit épuisée en lui. Dans le temps gris de l'automne, lorsque les pluies tombent, que le ciel s'abaisse et que tout se résume à « la mort de l'année », il ne nous arrive pas parfois un désir insupportable de soleil et de luminosité, un désir qui nous traverse. doit-il se contenter d'un certain allumage de lampes et de procédés d'éclairage artificiels, sinon du soleil naturel et béni ? Durant a continué pendant un moment, le cœur plein de feu couvant, réfléchissant à sa propre solitude au milieu de toutes les jouissances et des camaraderies du monde, réfléchissant à la manière dont ses propres gains ont fondu, se précipitant dans le gouffre sans fond de l'imprévoyance. et un gaspillage peu aimable dans la maison de son père, sans aucun bénéfice réel même pour les habitants, encore moins pour celui dont les travaux n'avaient aucun éclair, quoi qu'il arrive. Enfin, le point d'explosion fut atteint par le contact d'un morceau de bonne fortune. Pour la première fois, il fut retenu comme premier avocat dans une affaire importante susceptible d'attirer l'attention du monde, et en même temps il fut nommé membre d'une commission d'enquête sur certains maux juridiques alors soumis à l'examen du Parlement. Le plaisir soudain de se distinguer parmi ses pairs, sans compter le bénéfice qu'il en tirait, transmettait à son esprit un plaisir rapide et pénétrant, et bouleversait complètement la patience impatiente que tant de pensées avaient déjà mise en péril. Un peu de succès, souvent, dans de telles circonstances, met le feu à la mine que la lassitude, la réflexion et la comparaison ont remplie de combustibles. Pourquoi devrait-il traîner plus longtemps sans même tenter d'égayer sa propre vie ? L'homme qui cirait ses chaussures, assuré d'une rémunération hebdomadaire, venait de « lâcher sa place » et de risquer sa vie pour « s'améliorer » ; et pourquoi le maître ne chercherait-il pas aussi à s'améliorer ? Cette impulsion soudaine l'enflamma. A quoi servait son abnégation, son renoncement à toutes les choses agréables ? Ceux qui veulent les avoir doivent les saisir, sans tout ce calcul des possibilités et sans compter le coût. Durant n'était pas supérieur à cette indépendance presque farouche qui, comme tout bien qui sort du mal, a son mauvais côté. La dépendance et les exigences incessantes de sa famille l'avaient rendu sévère dans sa résolution de ne rien devoir à personne, de mener sa propre carrière sans aide ; et l'avait également rendu trop fier pour demander une faveur en sa propre personne, même une nuit d'hébergement, aux amis qu'il avait servis avec toute l'humilité d'une vraie générosité lorsque l'occasion s'en présentait. Il aurait consacré du temps, qui lui était plus précieux que l'argent pour la plupart des gens, ou de l'argent dont il ne possédait pas une trop grande réserve, au service des Curtises, chaque fois qu'elles faisaient appel à lui ; mais il ne leur demanderait pas de l'inviter, ni même de suggérer qu'il aimerait être invité. C'était un des *défauts de ses qualités* . Il lui a donc fallu un peu de mal pour se rendre à Oakley par un chemin détourné. Il le fit par l'intermédiaire d'un ami d'université, qui vivait dans un rayon de douze milles, et à qui il n'avait aucune objection à s'offrir pour une courte visite ; et étant là, quoi de plus naturel que de se rendre à Oakley en voiture pour quelques heures ? Il le fit quelques jours après la visite de Lady Curtis à Nancy, et apparut brusquement le matin, conscient et anxieux, alors que la famille était encore en train de déjeuner.

« J'ai pensé que j'allais voir Cavendish à Stainforth », dit-il, sentant la faiblesse de l'excuse.

«Cavendish à Stainforth!» » répéta Lady Curtis en pâlissant. Elle a vu à travers la simulation, mais elle n'en a pas vu la cause. Si c'est son fils qui lui est immédiatement venu à l'esprit, quelle mère lui en voudrait ? Elle ignora toutes les motivations de Durant avec une cruauté impitoyable, quoique inconsciente ; » et quitta précipitamment la table, le cœur battant d'une agitation soudaine. « Oh, Lewis, quelque chose est arrivé à Arthur ; et tu es venu me le dire ! » dit-elle en se retournant vers lui alors qu'il la suivait dans sa chambre du matin.

"Non", dit-il, avec un air penaud de culpabilité, se sentant absolument méchant de l'avoir ainsi effrayée à ses propres fins.

Lucy s'était attardée et le suivait lorsqu'elle entendit cette réponse. Elle se retourna aussitôt et s'en alla. Son cœur avait battu encore plus fort que celui de sa mère à sa vue, mais avec moins de simplicité de sentiment. Était-ce juste qu'Arthur devait toujours être la première pensée ? Si ce n'était pas quelque chose qui était arrivé à Arthur qui avait amené Lewis ici, alors c'était… autre chose. Cette conclusion, si simple lorsqu'elle était formulée en ces mots, remplit Lucy d'une excitation involontaire. Lorsqu'il a répondu « non » à la question de sa mère, elle s'est retournée et est partie. Allait-il alors se risquer, oser tous les dangers d'une séparation absolue ? Lucy ne l'avait pas vu depuis plus d'un an ; mais elle savait ce qu'il y avait dans son cœur. Elle n'avait jamais douté de lui ; elle avait été elle-même fidèle à l'espoir non révélé, et lui aussi. Elle s'enfuit en toute hâte dans sa chambre, pendant que lui, elle le savait, allait tenter leur fortune, la mettre à l'épreuve, tout perdre ou tout gagner. Le cœur de Lucy battait à tel point qu'elle ne pouvait pas réfléchir. Et seraient-ils assez durs, assez cruels pour lui refuser son bonheur, son père et sa mère qui l'aimaient si tendrement ? Très probablement, ils le feraient. Elle ne pouvait pas se tromper. Très probablement, il serait renvoyé sans espoir, peut-être avec dédain. Une jeune fille a un moment terrible à traverser lorsqu'elle sait que sa vie, et celle d'une autre qui lui est encore plus chère, se décide ainsi pour elle sans qu'elle puisse intervenir. Si Lewis lui demandait son amour, elle lui dirait oui, elle le donnerait, elle l'avait donné ; mais elle ne pouvait pas se donner. Elle était libre, pourrait-on dire, majeure, pleinement capable de choisir, et sans aucune loi, humaine ou divine, pour l'empêcher de fixer, ce qui était plus important pour elle que pour quiconque, sa propre voie et son propre compagnon de vie. . Tout cela est si vrai, et pourtant si futile dans sa vérité. Lucy était libre ; pourtant, pieds et poings liés, liés par d'innombrables fils de devoir et d'affection, qu'elle ne pouvait pas et ne tenterait pas, si elle le pouvait, de rompre. Il ne s'agissait ni d'une loi, ni d'un handicap promulgué, rien que le Parlement puisse toucher, ni l'opinion publique, ni l'émancipation des femmes ; mais la nature, irréductible, immuable, qui la liait. Elle ne pouvait pas vaquer à ses occupations habituelles, elle ne pouvait pas descendre. Elle était assise, tremblante, à peine capable de réfléchir à cause du bruit dans ses oreilles d'agitation en elle. Elle dut s'asseoir et attendre pendant qu'il s'aventurait ; elle savait que rien, pour le moment, n'était en son pouvoir.

"Pas Arthur!" s'écria Lady Curtis. "Oh, pardonne-moi, Lewis, je pense toujours à mon propre garçon en premier. Tu es sûr qu'il n'y a rien que tu veuilles me dire gentiment ? Je connais votre bon cœur… pour ne pas m'effrayer ?

« Je veux vous dire quelque chose… à propos de moi, Lady Curtis.

"Ah!" s'écria-t-elle d'un ton de soulagement ; puis avec une aisance perceptible et un calme d'indifférence : « de toi ? J'espère que c'est quelque chose de très bon, de très délicieux, quelque chose qui soit à la hauteur de vos mérites. Il n'y a rien que je puisse être aussi heureux d'entendre.

« Quelque chose de cela pour commencer », dit-il en lui racontant les avantages qu'il en avait retirés ; sa nomination à la Commission et son premier mémoire important. Lady Curtis était ravie, comme elle l'avait promis. Elle se lança avec enthousiasme dans la discussion de ses perspectives.

«Je suis aussi heureuse que possible de n'importe quoi, sauf de la bonne fortune pour Arthur», dit-elle. « Mon cher Lewis, toi qui as été si bon avec nous tous ! tu viens ensuite. Et maintenant, tout le monde est devant toi, ainsi que tout ce qui est bon. Merci à Dieu pour cela ! même si je n'ai jamais eu de doute à ce sujet », dit-elle en lui souriant à travers des larmes de plaisir, tout en lui tenant les deux mains.

Comme c'était encourageant ! la sympathie ne pourrait être plus chaleureuse, plus cordiale, plus affectueuse. Cela lui réchauffa le cœur et lui fit monter les larmes aux yeux.

« Oui, dit-il, c'est le début, je crois et j'espère…. C'est l'ouverture de la porte. Ma carrière devrait être claire maintenant, si j'ai le courage et le cœur de continuer.

« Toi, courage et cœur ! dit-elle, "bien sûr, vous aurez les deux, Lewis. Vous n'êtes pas le genre d'homme qui échoue. Je ne m'attendais pas un seul instant à autre chose. Il est vrai que les hommes n'obtiennent pas toujours ce qu'ils méritent ; mais vous… vous n'êtes pas du genre à échouer.

« Mais en supposant que cela, et que je réussisse, à quoi cela mène-t-il, Lady Curtis ? » » demanda-t-il à moitié tristement ; car il lui paraissait évident qu'elle n'avait pas encore la moindre lueur d'imagination quant à ce qu'il allait lui demander.

"Mener à?" dit-elle; « le banc bien sûr, et peut-être le sac de laine ; vous parlez si peu de vous que j'ai peine à savoir où vont vos ambitions, Lewis, si vous vous souciez un peu de politique ; bien sûr, c'est la plus belle carrière des deux, si vous l'acceptez.

« C'est tout ce que vous me donnez alors, dit-il, mon choix entre deux dignités ? Je ne dis pas qu'ils ne sont pas tous deux de grands objets d'ambition ; mais n'y a-t-il rien de plus doux, rien de plus cher à venir, ma dame ? Vous êtes très gentil avec moi, plus gentil que ce à quoi j'étais en droit de m'attendre ; mais n'avez-vous rien de plus à me souhaiter dans votre bon cœur que le sac de laine et le banc ?

Elle le regarda, hésitant un peu. Elle commençait maintenant à comprendre ce qu'il voulait dire.

"Que puis-je dire de plus?" elle a dit: "oui, tout, Lewis. Je vous souhaite à tous : vous pouvez désirer.

« Le désir de mon cœur », dit-il en se levant de son siège dans son agitation ; « C'est le souhait des Psaumes, et il n'y en a aucun qui va aussi loin et qui soit aussi doux. Ma dame, vous me connaissez presque depuis que je suis apte à formuler un vœu. Ne sais-tu pas ce que c'est : le désir de mon cœur ?

« Lewis… Lewis ! » s'écria-t-elle précipitamment ; puis s'est arrêté. Avait-elle été sur le point de le prévenir de n'en rien dire, de l'arrêter dans la révélation de ses vœux ? mais si c'était le cas, elle changeait d'avis et le regardait avec impatience, alarmée et se tordant les mains.

"Tu sais ce que c'est", dit-il avec un sourire en se tournant vers elle. « Je n'ai pas besoin de le dire, n'est-ce pas ? Si je ne peux pas avoir Lucy, que vaut tout le reste pour moi ? Je sais que je ne suis pas son égale de naissance, si vous pensez toujours que cela compte, par-dessus tout. Mais est-ce que c'est vrai ? Personne d'autre n'a pu penser à elle aussi longtemps et constamment que moi. Je connais tous ses goûts, ses manières. Ce qu'elle aime, j'aime — et son frère, vous savez, Lady Curtis — c'est tout ce que j'ai connu comme frère.

"Je sais, je sais", dit-elle, et les larmes dans ses yeux n'étaient plus des larmes de plaisir. Elle secoua la tête en le regardant avec une tendresse maternelle, à travers ses cils mouillés. "Et tu as été pour lui le meilleur frère, le plus gentil!" elle a pleuré. "Hélas!" mais malgré tout, elle secoua la tête.

«Je n'avais pas l'intention de faire valoir une quelconque réclamation à ce sujet», dit-il rapidement; mais parce qu'il y a eu entre nous cette affection constante, et que je n'ai jamais pensé à aucune autre femme. Tout le reste du monde n'a été rien pour moi aux côtés de Lucy. Je n'ai pensé à personne d'autre qu'à elle. Et tout cela n'est-il rien, ma dame, pire que rien, parce que mon grand-père était commerçant ? Cela semble dur, tu ne penses pas que c'est dur, difficile à supporter ?

"Lewis, tu sais que ce n'est pas comme ça partout", a-t-elle crié. « Il y a des gentlemen en Angleterre, les meilleurs du pays, qui vous donneraient leur fille, Lewis Durant, aussi bon que vous êtes connu pour être, le plus vrai gentleman, et se réjouiraient de son bonheur ! Elle fit une pause, et sa voix tomba, et une fois de plus, elle secoua la tête. «Mais Sir John…»

« Si j'ai votre aide, ma dame, je n'aurai pas peur de Sir John, dit-il, il n'est pas comme vous ; mais il est bon jusqu'au fond du cœur, bon de part en part.

« Luis ! » s'écria ma dame avec une émotion soudaine, voulez-vous que je sois amoureuse de vous ainsi que de Lucy ? Il en est ainsi, mon cher enfant ; c'est bien ainsi, mon cher vieillard borné et prévenu ! il ne comprend pas toujours, mais il est bon, comme vous dites, tout bon, et sans aucune tromperie. Mais qu'est-ce que cela a à voir après tout, mon pauvre garçon ? ajouta-t-elle, perdant son enthousiasme et secouant de nouveau la tête. « Il vous aime aussi, et cela n'a pas d'importance non plus ; vous ne lui ferez jamais voir ça, jamais ! Je le connais mieux que toi.

"Si vous êtes de mon côté, il viendra le voir", a déclaré Durant. Elle ne lui répondit pas directement, mais se dépêcha.

« Et d'autant plus qu'on a eu cette déception avec Arthur. Si Arthur s'était marié heureux comme nous le souhaitions – comme l'a fait le jeune Seymour – les choses auraient pu être différentes. Mais maintenant qu'Arthur a fait un tel naufrage, Lucy est tout ce qui nous reste. Il ne la laissera pas parler à quelqu'un qu'il estime inférieur à elle. Il a presque fermé la maison même à son neveu Bertie ; il préférerait même qu'elle ne se marie pas du tout.

« Tout cela ne m'effraiera pas, dit-il en gardant les yeux fixés sur elle, si vous êtes de mon côté.

"Pense!" dit-elle sans y prêter attention ; « pensez à quel point la situation est mauvaise pour nous dans le comté. Arthur s'est jeté sur un... pire que personne : une fille idiote qui n'a même pas l'esprit de s'occuper de lui et de le rendre heureux... notre fils unique ! et Lucy, notre fille unique, si elle aussi…

« Épouser personne ! » dit-il avec un sourire dont il ne pouvait se débarrasser de quelque amertume. « Ah, dame Curtis ! c'était ce que je craignais : tu n'es pas de mon côté.

"Lewis, réfléchis seulement!" dit-elle; « Mettez-vous à ma place ! J'ai été si fière de mes enfants; c'était peut-être bête, Dieu sait qu'on en souffre toujours ; mais si ni l'un ni l'autre… ni l'un ni l'autre ! c'est d'avoir du *succès* dans le mariage, d'établir des liens brillants. Oui, oui, dit-elle, c'est méprisable, je le sais, vous avez le droit de me mépriser ; mais, Lewis, mets-toi à ma place.

«Oui», dit-il; « et si je le pouvais, j'en voudrais à Lucy autant que vous ; mais est-ce que tout mon bonheur est d'y aller, ma dame ? Je n'ose pas parler du sien, dit-il en hésitant, si je pouvais espérer qu'il s'agisse de son bonheur, quelle considération secondaire au monde pourrait être mise à côté de cela ?

Lady Curtis secoua la tête. Elle joignait et dénouait les mains avec la nervosité de l'agitation.

« Il vous est facile de dire cela, s'écria-t-elle, très facile pour vous à votre stade ; mais le bonheur n'est pas tout, le bonheur n'est pas la seule chose à laquelle je dois m'attendre, » et pendant qu'elle parlait, l'esprit de Lady Curtis traversa l'esprit du moment où elle devrait entendre sa fille appeler Mme Durant et écouter les explications anxieuses. de la société, quant à l'âge du sellier Durant, ce n'était pas son père, mais son beau-père. Comment pouvait-elle le supporter, comment pouvait-elle le supporter ? elle qui avait imaginé sa jolie fille l'admirée de tous les admirateurs, au sommet de la splendeur et de la mode, et avec un titre meilleur que celui de sa mère. Non non Non; cela ne devait pas être toléré. Elle ne pourrait jamais le permettre ! quels que soient les traîtres qui pourraient se battre dans son sein pour Lewis et ses droits.

"Voici donc," dit-il tristement, "c'est vous, mon ami, ma très aimable patronne et guide, vous qui m'avez aidé à ce que seul tel que vous puissiez être, qui me rejetez, *ma* dame. ? Pourquoi devrais-je vous considérer comme *ma* dame – ou utiliser un terme aussi familier ?

« Lewis, ne sois pas cruel avec moi », cria-t-elle.

« Je ne suis pas cruel. C'est seulement vous, et non Sir John, qui me rejette », dit-il.

Aucune indication n'a été faite à Lucy sur le déroulement de cette entrevue ; elle ne savait pas quelle forme cela prendrait, ni jusqu'où Durant irait ; et après la première demi-heure d'excitation et d'agitation réprimées, sa fierté s'éleva contre l'idée d'attendre ici les nouvelles qui pourraient lui être envoyées. Elle ne le ferait pas. Elle sortit en courant, contournant l'arrière de la maison, pour ne pas être vue des fenêtres de sa mère, et partit rendre visite au parc à une famille malade, appartenant à un des gardes-chasse. Cela l'occuperait et l'empêcherait de s'attarder sur tout ce que Lewis pourrait avoir à dire à Lady Curtis, et sur tout ce que milady pourrait répondre. Mais on peut imaginer combien son esprit était occupé de mille pensées tandis qu'elle traversait le parc humide, sur lequel la gelée blanche avait fondu peu de temps auparavant. Cela la faisait mouiller, mais elle s'en fichait. Elle ne revint, et cela avec intention, que lorsque la cloche du déjeuner sonna. Elle vit sa mère et Durant regarder anxieusement l'avenue alors qu'elle entrait par l'entrée arrière alors qu'elle était sortie. « Ma dame vous veut, Miss Lucy », lui dirent toutes les servantes l'une après l'autre ; mais l'orgueil de Lucy n'était pas si facile à vaincre. Elle monta à l'étage et ôta ses chaussures mouillées et ses vêtements de plein air avec le sang-froid d'une stoïcienne, ne redescendant que lorsque l'appel de la cloche ne devait plus être négligé, car Sir John n'était pas un homme à faire attendre. Lorsqu'elle descendit les escaliers, son teint un peu plus vif que d'habitude et son air peut-être conscient de l'élaboration même de l'indifférence, elle trouva la fête déjà rassemblée, son père de sa bibliothèque et sa mère de la salle du matin, où elle avait été enfermée toute la matinée avec son invité. Ces deux-là lui lançaient des regards anxieux, l'un comme l'autre. Elle était sûre qu'ils avaient dû parvenir à une certaine compréhension, car, maîtrisant sa fierté et le sentiment de blessure qu'elle ressentait de ne pas être ainsi au courant de ce qui se passait, elle s'assit à table. Pourquoi ne le savait-elle pas, pourquoi n'était-elle pas la première personne à être prise en considération ? Bien sûr, c'était sa propre faute. Elle était partie, se cachant d'eux, enfilant son armure de fierté, faisant semblant de ne pas savoir ou de ne pas s'en soucier. Mais il était curieux même pour Lucy dans cet état, et cela aurait été encore plus curieux pour un spectateur plus calme de voir Sir John prendre place dans un calme ininterrompu au milieu d'une fête si agitée. Sir John ne savait rien de ce qui s'était passé, des espoirs présomptueux de Durant, ni de la façon dont il avait été occupé à gagner Lady Curtis à ses côtés. Il était plein de quelque chose qui lui était arrivé, d'une petite aventure qui l'avait tout à fait tiré de son calme habituel. Il leur raconta toute l'histoire pendant qu'ils étaient assis au repas, ce qui n'était guère plus qu'un prétexte pour les autres. Tout en mangeant sa côtelette, il poursuivit son récit, leur racontant comment il était parti voir l'état des plantations dont Rolt avait parlé, et comment, alors qu'ils approchaient d'un endroit spécial, il avait renvoyé le palefrenier pour s'enquérir de quelque chose. modifications des couvertures qu'il n'avait pas autorisées.

« Et quand je suis arrivé à Fox's Hollow, » dit Sir John, « j'ai trouvé la porte fermée, et Short m'avait assuré qu'elle était toujours ouverte. Je conduisais le poulain noir, Lucy ; vous savez que l'animal est une créature rétive et très fraîche. Je ne sais pas quand il avait déjà été harnaché. Je me souviens de l'époque où il ne m'aurait pas coûté grand-chose de sauter et d'ouvrir la porte, trop vite pour donner la tête à un cheval, mais c'est fini maintenant. Je réfléchissais à ce que je devais faire avec une brute aussi colérique, et je doutais un peu que j'oserais m'y mettre — une affaire lente maintenant, Durant, comme vous le saurez quand vous aurez atteint mon âge ; et comme je pensais que la discrétion était la meilleure partie du courage, qui devrait surgir soudainement des buissons, mais non, pas un faisan, pas une covey, mais une belle jeune femme. Vous pourriez bien ouvrir les yeux, une jeune créature semblable à une princesse vêtue d'une étrange robe noire. Je ne l'ai jamais vue auparavant. Elle m'a ouvert le portail, m'a fait une révérence et m'a fait un sourire. Je peux vous dire, ma dame, que cela a produit en moi une telle sensation que je n'en ai pas ressentie depuis assez longtemps. Bien sûr, je l'ai remerciée, bien sûr j'ai tout dit en termes de gratitude, de regret de l'avoir troublée et d'excuse de mon statut de vieil homme. Mais le plus étonnant, c'est que je ne la connaissais pas ! Une créature parfaitement charmante ! Serait-ce la femme du jeune Seymour, ou qui cela pourrait-il être ? Sur mon honneur, même si cela semble si étrange de le dire, je ne l'ai jamais vue auparavant !

"Alors *tu* l'as vue aussi?" s'écria Lady Curtis. "Maintenant, Lucy, tu vois que ton papa est d'accord avec moi..."

« Qui est cette mystérieuse princesse ? dit Durant. Il était heureux, tout comme ma dame, de quelque chose qui soulageait l'agitation douloureuse des pensées préoccupées.

« Je ne sais pas qui elle est, mais c'est une personne très charmante », dit Sir John en se servant d'une autre côtelette. « On croirait que vous avez tous déjeuné en secret pendant que je vivais mon aventure. Durant, tu ne manges rien. Si c'était vous qui aviez eu cette vision, nous aurions tiré nos propres conclusions ; mais cela ne m'a pas enlevé l'appétit, dit le vieil homme en souriant. « Si c'était la femme du jeune Seymour, le jeune Seymour est un homme chanceux. Je ne peux pas penser autrement à qui elle pourrait être.

CHAPITRE IX.

Nancy n'était pas moins émue par l'aventure de la matinée que Sir John ne l'avait été. Elle s'était éloignée beaucoup plus que d'habitude, se promenant seule dans le parc pendant que Matilda était occupée avec sa tenue. La porte était près d'un bout de bois où les arbres étaient peints de toutes leurs plus belles teintes d'automne ; et depuis que Lady Curtis avait admiré sa simple guirlande de feuilles, son enthousiasme pour elles avait augmenté. Elle était venue ici en toute bonne foi pour en trouver d'autres qu'elle pourrait copier, qui pourraient plaire à cette dame qui avait été si bonne et à qui, même si elle seule le savait, il était si important de plaire. La matinée était belle, même si l'herbe était mouillée, et Nancy, fatiguée de sa marche, était assise et reposée sur un arbre tombé. Son cœur fit un petit bond lorsqu'elle vit Sir John se diriger vers elle. C'était tout ce qu'il pouvait faire pour gérer le jeune cheval plein d'entrain. Elle le connaissait assez bien de vue, et elle n'avait pas de lui la même crainte qu'elle avait éprouvée des dames ; son secret était à l'abri de lui. Il ne lui vint même pas à l'esprit, comme cela aurait pu se produire, que se concilier le père d'Arthur serait quelque chose en sa faveur, de sorte que tout se passa naturellement, sans motif ni stimulus artificiel. C'était en effet l'impulsion la plus naturelle qui la poussa à se lever précipitamment, dès qu'elle aperçut son regard douteux vers la porte, et à l'ouvrir. Selon toute probabilité, elle n'aurait pas bougé pour Lady Curtis. La suspicion et la terreur dans son cœur lui auraient fait croire que sa disposition à remplir une telle fonction pouvait être mal interprétée ; mais elle obéit à son impulsion à l'égard de Sir John avec la promptitude la plus spontanée. Il lui était agréable de lui rendre le bon service qu'il convient toujours aux jeunes de rendre aux vieux. Elle leva les yeux et lui sourit, et dit : « De rien », alors qu'il s'épuisait en remerciements. Et cela ne rendait pas l'air de Nancy moins gracieux, ni moins juste, qu'elle voyait l'émerveillement admiratif du vieux gentleman, son anxiété évidente de découvrir qui elle était. À l'âge de Sir John, un homme n'a pas besoin de cacher son admiration paternelle pour un joli visage. Il la regardait, la tête blanche découverte, avec du plaisir, de la gentillesse et de la surprise dans les yeux, et lui prodiguait des remerciements et des excuses.

"Je suis heureuse d'avoir été ici pour le faire", a déclaré Nancy, ressentant en elle ce sentiment correspondant de gentillesse, qui est l'âme des bonnes manières. Il pensait qu'elle était aussi gracieuse, aussi polie et gracieuse qu'elle était belle ; et un sentiment de gratification qui lui réchauffa le cœur et l'adoucit, l'envahit. Le père d'Arthur ! elle n'avait pas autant entendu parler de lui que de ma Lady et de Lucy. Elle n'avait pas peur de lui et le servir lui procurait une sensation de plaisir innocent et réel, qui rendait Nancy affectueuse envers le vieil homme. Il la regarda alors qu'il s'éloignait, agitant la main et souriant ; et elle le soignait avec des yeux amicaux. Ils étaient amis à partir de ce moment. La bonté de Lady Curtis lui avait à moitié brisé le cœur ; mais la rencontre avec Sir John rendit Nancy heureuse, lui fit se sentir approuvée, flattée, élevée dans sa propre opinion. Et quand tant de choses se sont produites pour abaisser notre propre opinion, y a-t-il quelque chose de plus reconnaissant que cela ? Elle rentra chez elle exaltée d'esprit et de corps, plus languissante ni fatiguée, et surprit Matilda par la nouvelle qu'elle avait rencontré Sir John et fait sa connaissance. "Je pense qu'il est le plus gentil de tous", dit Nancy, "le vieux les messieurs sont si gentils ; ils ne vous font pas peur comme les dames.

"Oh, je t'effraie!" s'écria Mathilde, comment sa Seigneurie pourrait-elle vous effrayer, la dame la plus gentille ! mais que votre mauvaise conscience doit toujours vous dire : que dirait-elle si elle savait ? Vas-tu encore perdre ton temps avec ces détritus, Nancy, qui jonchent tout le sol ? Pourquoi ne peux-tu pas continuer ton beau dessin ? cela en valait la peine ; j'ai pensé à lui procurer un cadre dès que ce serait fait.

« Vous pouvez encadrer l'original ; ça doit être meilleur que ma copie, dit Nancy en arrangeant ses feuilles. Mathilde la regardait avec une impatience à peine contenue ; mais elle se souvint que Sa Seigneurie avait remarqué les détritus et haussait les épaules devant les étranges fantaisies de ces gentilshommes. Nancy était exactement la même qu'eux. Elle aurait pu être née elle-même dans ce rang de vie, elle avait de telles fantaisies. Matilda était reconnaissante, alors qu'elle poursuivait ses ourlets, qu'aucune absurdité de ce genre ne *l' ait jamais occupée* . Mais connaître tous les détails de l'entretien lui plaisait beaucoup, et elle serait restée assise toute la journée à coudre et à écouter, si sa sœur ne lui avait ordonné, plus tard dans l'après-midi, de prendre son chapeau et de sortir voir le coucher du soleil. « Oh, le coucher du soleil ! beaucoup de bien cela me fera ; et pas encore la moitié de mes chemises, murmura Mathilde, mais elle obéit à Nancy, qui en effet n'aimait pas qu'on lui désobéisse. Ils suivirent la promenade habituelle à travers le village jusqu'aux portes du Hall, et par la rue sur la gauche, la même rue par laquelle ils étaient venus le premier jour où ils rencontrèrent Lucy. Depuis lors, il y avait toujours eu l'excitation d'une rencontre possible à prévoir, et lorsque cette idée lui venait, le cœur de Matilda se gonfla d'une exultation naturelle à la pensée à quel point ils étaient entrés dans la grande vie. Sir John et Ladyship étaient devenus, pour ainsi dire, leur pain quotidien. Si mon cher père avait su !

Un coucher de soleil est sans aucun doute une belle chose ; mais si l'on y pense, après tout, ce n'est pas vraiment un spectacle, une chose qui arrive presque tous les jours et qui ne coûte un sou à personne ; une chose dont le clochard le plus pauvre peut profiter aussi bien que vous. Penser combien de personnes sont prêtes à contempler et à contempler une telle chose, et à avoir l'air de ne jamais en avoir assez ! Mathilde était plus intelligente ; elle l'a vu d'un coup d'œil et n'a pas eu besoin de regarder de nouveau ; et, en effet, il était très difficile de ne pas croire que c'était de l'affectation de la part de Nancy de le regarder si longtemps. Mathilde regarda autour d'elle. Il n'y avait pas grand-chose à voir, mais il est étonnant de voir tout ce que l'on peut voir quand on a l'esprit tourné vers soi. L'endroit où se trouvaient Nancy et sa sœur était tout près de l'avenue, et comme Matilda, l'esprit et les yeux inoccupés, cherchait quelque chose qui pourrait l'amuser, elle aperçut soudain deux personnes qui se promenaient de long en large dans ce qu'on pourrait appeler le bas-côté de l'avenue, à l'ombre des arbres encore riches en feuillage d'automne. Cela « a immédiatement retenu son attention » ; Car qui pourrait-il être sinon deux amants, errant de long en large dans des rapports intimes ; et qu'y a-t-il au ciel et sur terre de plus attirant pour une jeune femme qu'un couple d'amants ? Ce spectacle sortit Mathilde de l'indifférence dans laquelle le coucher du soleil l'avait jetée. Elle regardait à travers les buissons avec le plus vif intérêt et la plus vive sympathie, ne voulant pas jouer le rôle d'une espionne (et, en effet, elle était trop loin pour cela), mais avec le regard le plus purement bienveillant, faisant ce qu'elle voulait qu'on lui fasse. Si une interruption désagréable de l'entretien avait menacé, Mathilde n'aurait été que trop heureuse de jouer le rôle d'éclaireuse et de donner l'alarme ; et bientôt un fait apparut qui ajouta énormément à son intérêt, et même le transforma en excitation : elle s'aperçut que la dame n'était autre que Miss Curtis. Voilà une découverte surprenante ! Elle se fit un petit judas à travers les branches d'une aubépine noueuse qui lui piquait les doigts en séparant les brindilles. Qui était ce monsieur ? Matilda trouva son aspect étrangement familier. Ce n'était pas le recteur dont on disait dans le village qu'il allait épouser Miss Lucy. Qui était-ce? Mathilde regarda longuement, puis elle eut un sursaut qui faillit la bouleverser au milieu de tous les picotements de l'épine. C'était en effet quelque chose de plus intéressant qu'une exposition aussi bon marché qu'un coucher de soleil. Au bout d'un moment, elle vint tirer le bras de sa sœur.

«Nancy, Nancy! regarde ici. Je veux que tu regardes quelque chose.

"Qu'est-ce que c'est?" dit Nancy avec langueur.

Elle était assise sur la berge, bien qu'elle fût humide, les mains croisées sur ses genoux, et son visage tout illuminé par la lumière dorée qui descendait de plus en plus bas à chaque instant. Cela avait rempli l'âme de Nancy de pensées. Elle se demandait ce qui allait arriver de tout cela, moitié avec espoir, moitié tristement ; se demandant si Arthur et elle allaient se revoir, s'ils vivraient un jour à nouveau ensemble, si sa vie allait se transformer en une vie aussi belle que celle qu'ils vivaient, ces gens de la grande maison ; ou s'il devait être dépensé ennuyé dans la chaumière, obscur et caché à tous les regards. Le coucher du soleil remplissait ses yeux et brillait dans la rosée qui les remplissait, et insensiblement, à mesure que la rosée montait, les pensées lui envahirent le cœur.

"Nancy, Nancy!" dit Mathilde, « oh, regarde ici – oh, s'il te plaît, viens voir ici ! C'est elle, aussi claire que la lumière du jour ; et je pense que c'est *lui* .

"Lui!" Nancy commença à trembler, se releva, mais n'avança pas plus loin. « Que dites-vous ? Qui voulez-vous dire par lui ?

« Veux-tu venir ici et regarder ? s'écria Mathilde. "Viens! Je vous le dis, c'est Miss Lucy, aussi sûrement que c'est moi ; avec son jeune homme.

"Comment oses-tu parler ainsi !" s'écria Nancy en rougissant, "de n'importe lequel d'entre eux !"

Parler du jeune homme de Lucy lui semblait être un blasphème. Naturellement, elle devenait une puriste du langage à mesure qu'elle apprenait ce que signifiait la finesse de la parole. Elle était bien plus choquée que Lucy ne l'aurait été.

« Eh bien, » dit Mathilde avec vigueur, « c'est son jeune homme. Qu'est-ce qui ne va pas là-dedans ? Ils ont monté et descendu comme deux jeunes gens qui vous tiennent compagnie pendant une heure ou plus, pendant que vous regardiez le ciel (bien sûr, elle a exagéré l'heure), et rien d'anormal à ce que je puisse voir. Vous avez fait la même chose vous-même, et moi aussi si cela m'était arrivé, dit l'honnête Matilda. Puis, cependant, sa voix baissa et elle prit sa sœur par le bras. « Ce n'est pas la moitié, » dit-elle, « Nancy, chérie ! et le plus important est à venir. Vous souvenez-vous de Durant, qui est venu à Underhayes avec Arthur ? Vous devez vous rappeler de Durant, celui pour qui Sarah Jane aimait tant.

«Je me souviens de M. Durant», a déclaré la exigeante Nancy. "Je ne sais pas pourquoi *tu* devrais parler de lui si familièrement."

"Oh, finissons-en avec vos belles paroles et vos bêtises !" s'écria Mathilde. « Regarde ici, il est *là* , Nancy ! Je vous dis qu'il est là, tout près, courtisant Miss Lucy. Vous pouvez venir chercher par vous-même si vous ne me faites pas confiance.

Nancy arriva lentement, à moitié forcée par l'empressée Matilda, mais réfléchissant déjà aux expédients qui seraient nécessaires pour échapper à ce soudain retournement de situation. Durant! (Elle se permit de laisser tomber M. dans ses pensées.) Il la découvrirait, elle le savait, avant que plusieurs heures ne soient écoulées. Elle ne pouvait pas lui cacher son secret ; il la retrouverait, écrirait à Arthur et ferait ou gâcherait tout. Qu'avait-elle à faire? Un grand conflit surgit en elle. Elle en avait assez de cet état de choses, et si Durant intervenait pour y mettre fin, y aurait-il tant à regretter ? Arthur rentrerait à la maison, il viendrait vers elle, et il y aurait une réconciliation, et tout irait bien. Mais d'un autre côté, elle devait admettre, avec une sensation nauséabonde dans son cœur, qu'Arthur devait déjà être au courant depuis un certain temps de « ce qui s'était passé » et qu'il ne s'était pas précipité chez elle. Et l'idée que Durant pourrait lui écrire, le faire venir par devoir, faisait couler tout le sang dans ses veines. Jamais! jamais! Elle mourrait en premier. Même en dehors de cela, combien il serait plus agréable de tout gérer elle-même, de s'en remettre à la Providence, que de toute façon, Durant devrait intervenir. Toutes ces pensées se précipitaient en masse dans son esprit, tumultueuses, roulant et se précipitant les unes sur les autres. d'autres comme des nuages devant le vent, alors qu'elle faisait la demi-douzaine de pas nécessaires pour l'amener au point de vision de Matilda afin de vérifier ce que Matilda avait vu. Mais cela n'a nécessité aucune vérification auprès de Nancy. Elle avait été sûre que c'était vrai dès le premier instant. C'était exactement la chose qui risquait le plus d'arriver. Elle regarda cependant à travers les branches épineuses, avec un éveil de sympathie, comme elle en avait à peine ressenti encore, chez Lucy. Dernièrement, Lucy s'était perdue dans Sir John et Lady ; et quand elle avait pensé spécialement à elle, c'était avec une peur jalouse plutôt que avec de la sympathie. Elle la regardait maintenant avec un curieux mélange d'intérêt et d'opposition. Il semblait mal à Nancy que Miss Curtis soit ici avec un jeune homme à l'insu de son père et de sa mère ; et Durant, Durant, qui avait sa vie à gagner comme n'importe quel homme ordinaire ! Elle se souvenait très bien de ce qu'Arthur lui avait dit à son sujet. Il était clair qu'il ne pouvait pas faire le poids face à Lucy ; ce n'était pas bien, ce n'était pas *gentil* de la part de Lucy. Le front de Mme Arthur se contracta. Elle n'aimait pas qu'il y ait des descendants dans la famille avec laquelle elle était liée. Elle aimait les considérer tous comme de très grandes personnes, bien au-dessus de cette nécessité de travailler pour gagner sa vie qui ramenait Durant au niveau d'homme ordinaire. Mais tout cela n'était qu'un incident ; et la première chose à laquelle elle devait réfléchir était ce qu'elle ferait elle-même dans cette nouvelle urgence. Elle finit enfin précipitamment, lorsque les deux amants (puisqu'ils ne pouvaient être rien d'autre) se tournèrent vers la salle. Nancy saisit le bras de sa sœur et, sans rien dire, se précipita vers l'échalier. Ils s'en sont remis et ont franchi les portes, tandis que les autres avaient toujours le dos tourné ; et puis, pour un moment, les deux jeunes femmes osèrent reprendre leur souffle et se sentir en sécurité.

«Ils montaient vers la maison», dit Nancy; "Nous n'avons pas besoin de nous presser." Mais elle jeta derrière elle des regards alarmés et retourna rapidement à la chaumière. Par malchance, ils rencontrèrent le recteur, qui s'arrêta, comme il le faisait toujours, et les fit parler. Lorsqu'il avait insisté pour se mettre sur leur chemin pendant une bonne minute, Nancy était désespérée. Il fallait s'en débarrasser, pensait-elle, à tout prix.

«Nous venons de rencontrer Miss Curtis dans l'avenue», dit-elle. « Elle était accompagnée d'un gentleman. Savez-vous s'il y a un gentleman du nom de Durant, ou quelque chose comme ça, en visite au Hall ?

"Oh, Durant est là, n'est-ce pas ?" dit le recteur avec un air contrarié. "Oui je le connais. Il était alors très intime ; mais j'avais espéré qu'il n'avait pas été aussi favorable ces derniers temps. Je dis franchement : « J'espère », car je ne l'aime pas. Ce n'est personne, un... peut-être l'avez-vous rencontré, Mme Arthur. Il est entré dans une très bonne société, d'une manière ou d'une autre ; mais il n'est personne.

« Je crois l'avoir vu quelque part ; mais vous le trouverez maintenant dans l'avenue avec Miss Curtis ; et nous devons nous dépêcher de rentrer, dit-elle en hochant la tête et en souriant tout en continuant. Elle aimait bien mieux Durant que Bertie ; mais échapper à son dilemme actuel était plus important que l'un ou l'autre. « Maintenant, Mathilde, dépêche-toi ; rentrons à la maison, dit-elle. Elle avait envoyé le recteur « après eux », non sans un certain plaisir malicieux. Elle s'était libérée du danger immédiat dans lequel elle se trouvait. Il parlerait, et ils seraient obligés d'écouter, comme l'aurait été Nancy autrement ; et avec un autre regard anxieux derrière elle, elle courut le long de la route. Mais ce fut une journée de malchance. Dans la rue du village, ils rencontrèrent Mme Rolt, qui avait elle aussi mille choses à dire. Elle traversa la rue en courant avec un budget plein de nouvelles, riait et plaisantait, et félicitait le jeune étranger d'avoir fait une telle impression sur Sir John. Mme Rolt a dit à Nancy qu'elle était au Hall immédiatement après le déjeuner et que Sir John ne parlerait de rien d'autre.

- Et c'est un très bon ami, un ami fidèle, quoiqu'il ne soit pas très démonstratif, dit la cousine Julia ; mais en effet, ma chère, il était très démonstratif à votre égard et parlait de vous tout le temps. M. Durant était là, ajouta-t-elle confidentiellement, et je ne pense pas qu'il désirait beaucoup M. Durant. Vous savez qu'il y a toujours eu une gentillesse entre lui et Lucy ; mais ce serait tout à fait hors de question pour Lucy, tout à fait hors de question, surtout depuis le mariage malheureux de son frère.

« Qu'est-ce que le mariage de son frère a à voir là-dedans ? s'écria Nancy, oubliant, dans cette attaque inattendue, même ses craintes.

« Oh, ma chérie, ne sais-tu pas à quel point c'est une chose terrible pour la famille ? Cela a gâché la vie d'Arthur, le pauvre. D'où viennent les héritiers ? La cousine Julia a pleuré pathétiquement. « Si mauvaise qu'elle puisse être, ce ne serait pas si grave, vous savez, s'il y avait des héritiers ; mais la succession, ma chère ! Lucy doit se marier, et elle doit bien se marier, ou que va devenir la famille ? » dit Mme Rolt avec décision. « Elle aussi devra souffrir pour son frère. Les innocents sont toujours impliqués avec les coupables ; et quand une mauvaise chose a été faite, on ne sait jamais où elle peut finir.

Nancy était devenue cramoisie de honte et de ressentiment – et de douleur aussi, une douleur qu'elle ne pouvait pas comprendre dans toutes ses complexités. Elle se détourna froidement de Mme Rolt, essayant à peine de se séparer d'elle avec la prétention de politesse que les bonnes manières (selon elle) exigeaient. Les innocents impliqués avec les coupables ! comment osait-on parler ainsi d'elle ? Elle se dirigea vers sa chaumière, oubliant ses alarmes précédentes, tenant la tête haute, et elle ne prêta aucune attention au bruit des roues derrière elle, à la course rapide d'une charrette à chiens qui arrivait en tournoyant et tournait au coin de la rue. Salle. Mais elle reprit ses esprits en sursaut et cria, quand, se retournant brusquement, elle rencontra le regard de Durant, qui passa du calme ordinaire d'un passant indifférent à une profonde surprise et à un empressement instantané à sa vue. La charrette à chiens allait si vite, avec tant de « chemin » sur elle, qu'il lui fallut une minute avant de pouvoir la hisser et qu'il puisse en descendre. À ce moment-là, Nancy, consciente de la nécessité de l'affaire, s'était précipitée dans une petite ruelle latérale, par laquelle elle savait qu'elle pourrait atteindre la porte arrière de la maison. Heureusement, personne ne la voyait passer devant les petits jardins jusqu'à la porte ouverte de la cuisine. Elle se précipita à l'alarme de Fanny, et s'envolant à l'étage, essoufflée, se précipita vers l'abri de sa propre chambre.

« Si quelqu'un appelle, je suis malade au lit », s'écria-t-elle en passant, au grand étonnement de la petite bonne. Mathilde, à ce moment-là, était tranquillement assise dans le petit salon de travail. « Viens avec moi, viens avec moi. Durant est après moi ! s'écria Nancy, essoufflée. Mathilde avait la présence d'esprit d'obéir sans un mot, même si elle rédigea un mémorandum mental en montant à l'étage après sa sœur. « Elle dit Durant aussi », se dit Matilda, mais elle n'émit aucune protestation audible ; et depuis un coin entre les rideaux, elle observait et racontait comment la charrette à chiens attendait, et combien de temps il s'était écoulé avant que le visiteur ne revienne, déconcerté, après avoir suivi l'allée sans rien trouver.

"Il a l'air très suspect dans toutes les maisons", a déclaré Matilda.

"Oh, reste près, reste près!" s'écria Nancy du lit sur lequel elle était accroupie, comme s'il pouvait voir à travers les rideaux. Ils passèrent une demi-heure anxieuse à observer ses opérations, car la charrette à chiens s'éloignait puis revenait, et leurs craintes se remirent à nouveau pendant un autre moment tremblant. Mais Durant n'a heureusement contacté personne susceptible de lui donner des informations. Il se fiait apparemment à sa propre clairvoyance ou à l'espoir que Nancy s'était cachée et réapparaîtrait. Les sœurs n'osèrent pas reprendre leur souffle jusqu'à ce qu'il soit clair qu'il était parti.

C'était là un autre embarras et une difficulté importante sur leur chemin. Ils ne savaient pas que l'occupation de Durant avait été si importante pour lui qu'elle éclipsait tous les autres intérêts. Ils pensaient qu'il reviendrait le lendemain pour fouiller minutieusement et s'assurer qu'ils ne lui échappaient pas. Car pour Nancy, dans la crise actuelle, il était évident que rien d'autre ne pouvait être aussi important ; ses propres affaires lui paraissaient naturellement le sujet le plus susceptible d'absorber les pensées de Durant.

CHAPITRE X.

L' explication entre Durant et Lucy, dont Nancy avait été pour ainsi dire spectatrice et qui l'avait remplie de sentiments si douteux, avant le moment où elle craignait un péril pour elle-même, s'était déroulée dans des difficultés. Ce n'est que lorsqu'elle fut acculée par ses appels répétés que Lady Curtis avait donné un assentiment douteux et réticent – cela ne méritait pas un titre aussi cordial que consentement – à sa pétition – qui visait seulement à lui permettre de renvoyer le question à Lucy elle-même. "Si elle dit non, il n'y aura plus un mot à dire", avait-il représenté. Lady Curtis avait seulement répondu en secouant la tête, un geste qui l'avait rempli d'exaltation, même si après tout cela aurait pu signifier quelque chose de différent de la conclusion qu'il en avait tirée. Mais après ce repas confus, dont il avait si hâte de se remettre et dont il était si impatient, il fallut un certain temps avant que l'attention de Lucy puisse être attirée. Elle était timide, réticente et à moitié en colère, pensa-t-il, tandis que sa mère, bien que si affectueuse envers lui-même, aurait été assez heureuse d'éviter l'entretien qu'elle avait promis à contrecœur qu'il pourrait avoir lieu entre eux. Elle ne reviendrait pas sur sa parole ; mais si elle avait réussi à le faire reporter au dernier moment, Lady Curtis aurait senti que quelque chose était gagné. Et les choses semblaient se dérouler en harmonie avec son objectif à mesure que l'après-midi avançait. Sir John a pris possession de Durant en premier lieu pour lui montrer quelque chose, puis Lady Curtis a réussi à rester aux côtés de Lucy, espérant que le moment où il avait décidé de les quitter serait trop proche pour une explication avant que l'occasion ne se présente. . Mais Durant n'était pas le genre d'homme à se laisser autant décourager par les circonstances. Lorsqu'il vit la politique qu'elle poursuivait (et pour laquelle, avec une hypocrisie mi-affolante, mi-amusée, mi-touchée, elle semblait l'avouer et lui demander pardon, avec des regards suppliants et dépréciateurs), il sortit ouvertement du labyrinthe qu'elle poursuivait. emmêlait ses pieds. Il s'approcha hardiment de Lucy alors qu'elle était assise à côté de sa mère.

"Il y a quelque chose que je veux vous dire", dit-il, avec une tremblement très différente de son ton habituel. « Votre mère m'a permis de vous demander… de m'entendre… »

« Ne dites pas cela, Lewis, ne dites pas cela », s'écria Lady Curtis. "Je ne pouvais pas l'interdire, c'est tout."

« Cela revient au même. Entendrez-vous ce que j'ai à dire, m'écouterez-vous ? Ce n'est peut-être rien pour vous, mais c'est tout au monde pour moi !

Lucy devint rouge cramoisi, puis pâle, puis à nouveau rouge. "Pouvez-vous le dire ici?" » demanda-t-elle d'une voix à peine audible.

« Où que vous vouliez, aucun endroit ne peut changer ce que j'ai à dire ; mais plutôt seul, s'écria-t-il, devenant si agité que ses paroles étaient également à moitié inarticulées. Lady Curtis se leva en soupirant pour les quitter. Mais Lucy sentit l'atmosphère de la pièce, le sentiment de contrainte qui régnait dans l'air, l'étouffer. Elle se releva précipitamment. "Reste ici, maman, je sortirai avec Lewis", dit-elle, sachant à peine ce qu'elle disait. Elle ignorait tout à fait que cette prononciation inconsciente et familière de son nom anticipait tout ce qu'elle pouvait dire de plus de son côté, comme son appel avait prévenu tout de son côté. Elle attrapa son chapeau et son châle en sortant, puis se tourna vers lui avec une question dans les yeux : était-ce une question ? Elle le savait aussi bien que lui, et il le savait aussi bien qu'elle. Tout n'était-il pas réglé depuis des années ?

Lady Curtis était très agitée lorsqu'elle fut ainsi abandonnée. Elle n'avait donné son accord à contrecœur qu'à des conditions très strictes : que rien d'autre que cette seule entrevue n'ait lieu pour le moment entre les amants, qu'aucun engagement formel ne soit pris, qu'aucune correspondance ne soit commencée, et que rien ne soit encore dit à Sir John. Elle devait le « gérer » du mieux qu'elle pouvait, en saisissant l'occasion qui lui était offerte ; rien ne devait être précipité ou forcé. Ils devaient attendre le prochain changement dans le drame de la fortune d'Arthur. Si quelque chose arrivait là-dedans, Sir John serait peut-être plus facile à gérer. Mais bien qu'elle ait dressé autour d'elle toutes ces défenses imaginaires, Lady Curtis savait très bien qu'en cédant un point, elle avait pratiquement tout cédé. Comment séparer deux personnes qui se comprennent, qui sont fidèles l'une à l'autre, qu'on ne peut ni contraindre ni effrayer ? la chose était impossible. C'était peut-être un temps pour mettre tout le monde mal à l'aise, mais c'était le moyen d'affliger définitivement Lucy, que ses parents aimaient, qui leur était plus précieuse que tout le reste du monde ! C'était une folie, elle le savait. Sir John pourrait résister et il regretterait – mais il serait obligé de céder s'ils insistaient. Et que pouvait faire Lucy d'autre ? Lady Curtis était, comme elle l'avouait, avec un sourire et une larme, un peu amoureuse de Lewis aussi. Il était si gentil, si vrai, si bon séjour et si bon soutien pour tout ce qui lui appartenait ; il était – quelle nécessité de prolonger les descriptions – Lewis ; et cela faisait des années que tout n'avait pas été dit dans ce mot ? Bien sûr, Lucy insisterait : pas indûment, pas sans tendresse, mais avec constance et jusqu'à la fin de ses jours ; il n'y aurait ni passion, ni tragédie, mais elle ne changerait jamais. Sa mère le savait aussi bien qu'elle connaissait le nom de son enfant et commença à réfléchir, tandis qu'elle errait agitée, se demandant quand ils reviendraient, se demandant ce qu'ils pourraient trouver à se dire si longtemps, s'interrogeant sur la détermination de Durant et Le courage de Lucy, comment elle a pu en tirer le meilleur parti et se réconcilier avec l'inévitable. Il réussirait dans sa profession, cela ne faisait aucun doute désormais : il atteindrait peut-être le banc, et Lucy pourrait alors devenir Lady

Durant. Lady Curtis haussa les épaules à cette perspective. Elle avait tendance à se moquer de sa propre position et à parler de « nous, les roturiers » ; mais les honneurs légaux de cette description étaient plus humbles que toute humilité que pouvait affecter le chef d'une grande famille de comté, dixième baronnet, avec des titres dormants dans sa race qu'il ne se souciait pas de revendiquer. Dame Durant ! « belle-fille du vieux Durant, vous savez, le sellier. Voilà ce qui serait dit. Lady Curtis crut entendre le son même des voix qui trébuchaient légèrement sur ces syllabes. Certes, bien des dames plus grandes qu'elle avaient accepté pour filles des fils de *parvenus*. Les duchesses le faisaient tous les jours ; mais alors les ducs sont faits pour ce genre de choses, se dit-elle en souriant ; n'étaient-ils pas des sortes de machines à vapeur couronnées pour entraîner les classes inférieures ? très différent de nous, roturiers. Il y a toujours eu le sac de laine, il est vrai, institution qui fait beaucoup pour la *noblesse* de la robe. Avec un demi-amusement fantaisiste, elle commença à calculer si elle vivrait probablement assez longtemps pour voir Lewis Lord Chancellor. Il pourrait le faire (si jamais il devait le faire) dans vingt ans. Vingt ans suffiraient aussi bien que cent. Lady Curtis n'avait que quarante-sept ans, il n'y avait aucune raison particulière pour qu'elle ne vive pas aussi longtemps, et une telle élévation adoucirait bien sûr beaucoup Lady Durant.

Mais combien de temps ont duré ces deux-là ? Que pourraient-ils bien trouver à se dire ? C'était presque l'heure à laquelle Lewis avait commandé sa charrette à chiens, et il avait un long trajet devant lui. Puis elle alla dans sa chambre, enfila ses vêtements de plein air et sortit à la rencontre des amants. Elle marchait dans l'avenue, à moitié satisfaite, à moitié vexée qu'ils soient allés si loin. Pourquoi auraient-ils préféré se mettre hors de vue de la maison ? et pourtant il valait mieux qu'ils ne se plaçaient pas ainsi soudainement sous l'observation de Sir John. Avec un frémissement dans sa poitrine de plaisir et de douleur mêlés, elle les aperçut au loin. Cela lui faisait infiniment mal, mais consciemment, de voir sa Lucy, sa fleur de virginité timide, délicate et exigeante, s'appuyant *ainsi* sur le bras de n'importe quel homme ; et pourtant le bonheur dans le sein de Lucy n'était pas presque le sien. Lorsqu'elle s'approchait elle-même d'eux, rougissante et à demi confuse de croiser leurs regards, le jeune homme eut l'audace de s'approcher d'elle, sous ses propres arbres, et de lui baiser la joue. Il l'avait déjà fait une fois auparavant, lorsqu'elle s'accrochait à lui au plus profond de son trouble ; mais il y avait dans ce baiser une assurance intrépide qui la surprit. Elle aurait peut-être pu l'écraser sous son froncement de sourcils avec une sévère désapprobation, si à ce moment-là la charrette à chiens était audible, fonçant rapidement sur eux. Il n'avait pas le temps d'être en colère lorsqu'il s'en allait. Elle prit le bras de sa fille quand il fut parti, le serrant contre le sien alors qu'ils s'écartaient pour le regarder courir dans l'avenue, car il était en retard. Lady Curtis tenait Lucy contre elle et la fille s'accrochait à la mère ; mais l'attachement est-il à nouveau aussi serré après que le bras d'un homme a subi cette pression la plus douce et la plus chaude ? Lady Curtis, avec un soupir, sentit la différence — ou crut qu'elle le faisait, ce qui revient au même.

Et alors que Durant s'éloignait, la tête pleine de Lucy, il fut soudainement transpercé, abattu, pour ainsi dire, par les yeux de Mme Arthur, levés de surprise et d'alarme vers son visage. Nancy ! ici! C'était si incroyable, et son esprit était si préoccupé, qu'il faillit renverser sa charrette à chien, la tirant d'un coup sec, puis laissa tomber les rênes, qui étaient si fermement tenues, sur l'encolure du cheval. Il ne savait pas s'il était éveillé ou s'il rêvait lorsqu'il trébucha, la surprise fut si grande, le choc si soudain. Nancy ! Il lui sembla qu'il y avait une sorte de suggestion d'aide, un fil conducteur que lui lançait cette apparition soudaine. Il se précipita après elle, demandant à un ou deux voyageurs bouche bée qui ne l'avaient pas aperçue, qui était cette dame, tandis qu'il suivait sa trace ; mais la peur avait donné des ailes à Nancy, et elle avait atteint un abri avant qu'il ne soit en vue. Il erra sans but pendant un certain temps, comme on l'a vu, posant des questions vagues et regardant les maisons. Mais comme personne n'avait vu la dame dont il parlait, et que, dans son excitation, sa description était peut-être moins claire que d'habitude, il ne fit rien par son enquête. Ils lui montrèrent la maison de Mme Rolt, qu'il connaissait, et tout ce qu'elle contenait ; et comme le soir tombait déjà, Durant se sentit obligé de reprendre enfin sa route. Il ne parvenait pas à comprendre tout ce à quoi il s'attendait, tout ce qui semblait flotter dans la confusion de ses pensées : des possibilités pour l'avenir, de nouvelles lumières, de nouvelles probabilités ; car il ne faut pas oublier que son esprit était déjà en ébullition avec tout ce qui lui était arrivé au cours de la demi-douzaine d'heures précédentes — plus que ce qui s'était produit au cours de la demi-douzaine d'années précédentes, ou même pendant toute sa vie.

Il ne devait y avoir aucune correspondance ; pourtant Lady Curtis ne fut pas surprise de recevoir le lendemain une lettre, avec une lettre pour Lucy.

« Juste pour cette fois », plaida-t-il ; « et pas pour le simple plaisir de lui écrire. Il y a quelque chose que je veux lui dire. Vous ne me refuserez pas cette fois-ci.

Lady Curtis ne l'a pas refusé. Elle remit le mot à Lucy avec un sourire, un soupir et un petit haussement d'épaules.

« Quelle est cette grande chose qu'il a à vous dire, je me demande ? La même chose, je suppose, qu'il a mis si longtemps à vous raconter l'autre jour.

« En effet, ce doit être quelque chose qu'il a oublié », dit Lucy avec un simple sérieux ; mais elle emporta le mot à l'étage pour le lire dans sa propre chambre, s'enfuyant sous prétexte de vouloir quelque chose — un prétexte que sa mère, avec un autre soupir et un haussement d'épaules, comprit assez bien. Et en effet, Durant n'avait pas manqué de profiter de son opportunité. La petite lettre était une lettre d'amour, une sorte de chose trop exquise pour être touchée par le commun ; mais il avait un post-scriptum, qui était sa *raison d'être* .

" *C'est ce que je voudrais toujours te dire, ce que je te dirai dans mon cœur quotidiennement et toutes les heures jusqu'à ce que je t'aie là en présence réelle, ma Lucy* ", a écrit le trompeur ; puis, d'un mouvement de la main, dans une écriture même modifiée : « Mais je n'aurais pas osé écrire si ce n'était un fait étrange que j'ai découvert après vous avoir quitté : LA FEMME D'ARTHUR EST À OAKLEY . Cela semble incroyable, mais c'est vrai. Je l'ai vue sur la route. Elle a disparu à ma vue par une ruelle et a dû entrer dans quelque maison. Vous leur direz ou non, comme bon vous semblera ; mais je dois *vous le dire* . Il semble, je ne peux pas vraiment dire comment, espérer pour nous-mêmes. Mon chéri!" Et puis l'autre genre d'écriture a recommencé, avec lequel nous, les gens sobres, n'avons rien à voir.

Lucy, on peut le supposer, était extrêmement excitée par cette communication ; ce n'est pas seulement au début, il faut l'admettre, que ce n'est que lorsqu'elle l'eut lu environ six fois que le véritable objectif lui vint à l'esprit. Ce fut d'abord l'autre partie de la lettre qui l'occupa ; et quand Lady Curtis demanda en souriant : « Quelle était la grande nouvelle – une histoire assez ancienne, je suppose ? Lucy ne voulait aucune tromperie dans sa réponse. Mais peu à peu, le fait commença à acquérir une réelle importance dans son esprit. Elle n'avait plus un instant de doute à ce sujet ; son instinct ne le lui avait-il pas murmuré tout de suite ? Nancy était là, à sa portée, sous son influence ; et une seule chose pouvait signifier par là que la jeune femme rebelle qui avait rendu Arthur si malheureux, avait vu l'erreur de ses voies et était prête à les abandonner, à rechercher la faveur de la famille de son mari, à s'efforcer de faites-leur plaisir, afin qu'il y ait en perspective une réconciliation et un pardon universel de toutes les offenses. Lucy, lorsqu'elle comprit pleinement le fait important qui lui était ainsi communiqué, fut perdue dans la perplexité. Qu'avait-elle à faire? Une étrange réticence surgit dans son esprit à en parler, à le porter à l'attention de quiconque. Ne vaudrait-il pas mieux laisser cette étrange jeune femme, par qui Lucy avait été à la fois attirée et repoussée, définir ses intentions, quelles qu'elles soient ? Il n'était pas naturel que la jeune dame pense avec une bienveillance particulière, voire même sans certains préjugés, à cet intrus. Au début, les sentiments de Lucy étaient entièrement en faveur de sa belle-sœur. Avant le mariage, alors que la question était de savoir si Arthur devait être persuadé ou forcé à ne pas respecter sa promesse, Lucy avait été la partisane fidèle, bien que réservée, de Nancy. Elle avait été horrifiée par l'idée selon laquelle la parole et l'amour promis par un homme n'étaient pas contraignants, alors que la femme à laquelle ils étaient promis appartenait à une classe inférieure. Cette doctrine avait choqué et révolté tous les sentiments de son cœur, et lorsque sa famille avait fait d'ignobles efforts pour racheter Nancy, Lucy avait été aussi indignée qu'Arthur. Mais maintenant, tout avait changé. Les ressemblances de nature et la diversité des circonstances, qui lui donnaient à un moment donné de son histoire une camaraderie avec cette jeune fille, lui donnaient maintenant un certain sentiment de répulsion. Elle avait pensé que c'était une simple imagination stupide de sa part d'identifier Mme Arthur au Wren Cottage avec Nancy ; mais même en faisant cela, la prévenance de Lady Curtis en sa faveur et la fascination facile qu'elle avait exercée sur Sir John avaient donné à Lucy un léger pincement involontaire de déplaisir. Que voyaient-ils chez cette jeune femme pour qu'elle lui plaise si facilement ? Elle était belle. Était-ce tout ce qui était nécessaire ? Lucy n'en fut en aucune façon blessée, cela ne lui enleva rien, et pourtant elle se sentit plus qu'à moitié en colère contre la conquête rapide de ses parents que l'étranger avait faite. Ils s'intéressaient à elle de manière assez absurde. Pourquoi? Sir John parlait d'elle comme si elle avait été une princesse, et même sa mère, qui, en tant que femme, aurait dû avoir plus de discernement, avait été disposée à s'extasier devant ce nouveau visage, dans lequel, après tout, il n'y avait rien de tel. d'une beauté éblouissante au point de transporter le monde d'assaut. Lucy avait été un peu vexée contre elle-même de ressentir cela, et pourtant elle l'avait ressenti. Elle avait été encline, dans sa propre personne, à accorder son attention à la sœur simple, qui était un bon petit corps modeste et ne réclamait l'admiration de personne. Et lorsque cette étrange certitude vint confirmer une supposition qui, même à elle-même, lui avait paru trop fantastique pour être réelle, Lucy ressentit instantanément une montée de préjugés, une sorte d'aversion presque sans raison, et qui était à la fois impolitique et méchante. Pourquoi son esprit devrait-il se tourner contre Nancy maintenant ? N'était-ce pas dans l'intérêt de la famille comme dans le sien qu'elle devait par tous les moyens cultiver la possibilité de retrouvailles entre Arthur et sa femme ? Il doit être pour le bien d'Arthur qu'il soit délivré de sa fausse position et qu'il vive honnêtement sa vie, après l'avoir choisie ; et il doit être dans l'avantage de la famille que son héritier soit replacé à sa place naturelle, tant pour le présent que pour l'avenir. Enfin, il ne faisait aucun doute que ce serait dans l'intérêt de Lucy de développer son nouveau sort. Si Arthur était comme tout autre jeune homme marié, uni à une épouse que ses parents avaient au moins appris à aimer, qu'ils l'approuvent ou non, combien tout serait plus facile pour le mariage désormais impossible de la fille qui était actuellement mariée. leur seul espoir ! Mais on ne peut pas dire que cette suggestion de sa propre valeur et de son importance diminuée, et la probabilité que Nancy puisse la libérer en prenant sa place dans la maison de son père, aient été une pensée agréable pour Lucy Curtis. Cela pourrait favoriser son « bonheur » ; mais cela ne la rendait certainement pas plus heureuse, pour le moment. Elle était déraisonnable – comme nous le sommes tous plus ou moins. Oui, elle serait heureuse qu'Arthur soit « heureux », que tout se passe bien ; mais penser à l'envie soudaine de sa mère pour cet étranger, à l'asservissement rapide de son père, à Nancy occupant sa propre place à Oakley, faisant tout ce qu'elle avait fait, acceptée par tout le monde comme la jeune femme du lieu, c'était dur pour elle. Lucie. Pour le moment, cela lui a donné une piqûre presque intolérable, même si elle s'en est immédiatement prise à partie avec une rage brûlante et un mépris d'elle-même. Comme elle était méchante et pauvre, quelle misérable et pitoyable créature !

Mais ensuite, après tout ce sentiment, vint l'aspect pratique de la question. Doit-elle en informer sa mère ? Lucy n'avait aucun secret pour sa mère, sauf en effet qu'un de ses amours, avant son amour, avait été ouvertement demandé, chose que la fille la plus tendrement confidentielle ne pouvait pas être censée révéler. Elle fit un effort héroïque pour chasser de son esprit tout préjugé, toute irritation momentanée et accidentelle de sentiment. Quel était le meilleur ? Laisser cet incognito prendre toute sa valeur, permettre à l'épouse d'Arthur de profiter pleinement de l'effort qu'elle faisait visiblement et de garder son secret ? Si cela était révélé prématurément, il était possible que l'effort lui-même joue contre Nancy, du moins avec Lady Curtis. La laisser faire de son mieux, ne rien dire, lui donner la chance de se faire d'eux ses amis, ne serait-ce pas la chose la plus gentille que la sœur d'Arthur puisse faire ? La conclusion est très simple à énoncer, mais il a fallu beaucoup de temps pour y parvenir ; mais c'est là-dessus que Lucy se décida finalement.

"Voulez-vous répondre pour moi?" dit-elle à sa mère ; « non, je ne vais pas outrepasser votre permission, maman. Je respecterai ma promesse de ne pas écrire. Dites de ma part, dit Lucy en rougissant, que je réponds dans mon cœur à tout ce qu'il dit ; mais qu'à l'heure actuelle, sur tous les sujets, il vaut mieux ne pas parler. Veux-tu lui dire cela mot pour mot.

"Fidèlement, ma chérie - et merci, ma Lucy", dit la mère en l'embrassant, avec l'humidité rapide qui montait dans ses yeux. Puis elle ajouta avec un sourire : « Je suppose que je peux lui donner… ton amour ?

Après tout, Lady Curtis n'était pas dure avec les jeunes.

CHAPITRE XI.

A RTHUR CURTIS n'avait pas mené une vie d'abnégation ou d'ascèse ; en fait, il avait été plus près que jamais auparavant des profondeurs de la décadence morale au cours des derniers mois. Il était devenu imprudent à propos de lui-même et de sa vie ; non pas grossièrement téméraire, comme le sont les hommes qui se lancent dans les dissipations les plus grossières, mais si découragé et si las que, à force de cesser de se soucier de ce qu'il faisait, il avait cessé de bien faire et était presque tombé dans le gouffre du côté opposé. Il avait été assez stupide dans le passé, mais son objectif avait été, sinon les objectifs d'ambition les plus élevés, du moins ceux de l'honnêteté, de la vérité, de la fidélité et d'une vie pure. Il aurait peut-être été imprudent d'aimer comme il l'a fait, si loin de la région à laquelle il appartenait lui-même ; mais, du moins, son amour ne faisait de mal à personne et n'avait aucune mauvaise pensée. Il y avait été fidèle, malgré tout ce qui lui était arrivé ; L'opposition et les supplications de sa famille, ainsi que le dégoût et le mécontentement partiels de sa part, ne l'avaient pas ému ; mais à quoi avait servi toute sa fidélité ? À quoi lui avaient servi son honnêteté et ses intentions pures ? Il s'est retrouvé échoué sur le rivage, abandonné, impuissant et avec peu d'espoir face aux développements les plus graves de l'existence. Il était lié pour la vie à la femme qui lui était devenue étrangère et qui l'avait éloigné d'elle ; et désespérément coupé de toutes autres relations honorables, du bonheur du foyer, de tout ce qui compense pour un jeune homme la perte de sa première liberté. Arthur avait tous les maux de cette liberté sans ses avantages ; il était lié mais relâché, tenté par toutes sortes de licences, mais dans une position telle que la liberté ordinaire et innocente lui était refusée. Rien ne pourrait être plus cruel envers un jeune homme plein d'entrain et non formé aux méthodes du renoncement. Et au bout de ces deux années, il en avait eu assez de tout : des contraintes qui l'enfermaient, de la conscience qui lui rappelait ces contraintes, et de l'amour blessé qui lui rongeait le cœur et ressemblait à de la rage. À quoi lui étaient parvenus tous ses efforts pour bien faire, tout le sens honnête de son âme ? Le plus gai et le moins abnégation de ses camarades était mieux loti que lui ; et il avait été aux limites du vice – non contraint par une quelconque force de passion, mais plutôt par le dégoût et un cynisme involontaire, qu'importe ? de l'âme désespérée. Aux frontières du vice – et à moitié incrédule en quoi que ce soit de mieux – à moitié renonçant à tout ce qu'il y avait de mieux dans ce monde – essayant de se persuader que rien n'avait d'importance. La jeunesse arrive très facilement à cette alternative du bonheur. La sagesse qui a découvert que dans le bonheur comme dans le malheur, la vie avance à peu près de la même manière, et que tout n'est pas un mal absolu dans les pires circonstances, ni un bien absolu dans les meilleures ; est une sorte de sagesse âgée. Mais Arthur était impatient de son propre désespoir – il sentait sa propre lassitude intolérable ; ce qui revient à dire que ni le désespoir ni l'impatience n'étaient entièrement authentiques, ni n'avaient la moitié de l'emprise qu'il pensait dans son cœur.

Cependant, leur effet immédiat fut une grande amertume, une grande inquiétude et un dégoût pour tout ce qui l'entourait. Il avait dû détester sa nouvelle vie, ses occupations et les plaisirs qui pâlissaient peut-être plus vite que ses occupations ; et tout ce frémissement des propos diplomatiques, qui ressemble tellement au frémissement des moindres affaires paroissiales, mais dont les sujets sont plus importants. Ces discussions et rapports personnels, les « il a dit » et « elle a dit » qui prétendent être d'une importance vitale quand les lui et les femmes sont rois et reines, mais qui ressemblent tellement à de vulgaires ragots à tous autres égards, sont devenus ennuyeux au-delà de toute description. Tout cela, qui l'avait d'abord éloigné de ses propres affaires, vraisemblablement petites, et qui lui avait paru grand et magnifique, le rendait maintenant écoeuré par sa mesquinerie. « Comptez-y, l'Empereur voulait dire ceci et cela. » « Mais je vous assure que le comte A… a dit… » Quel homme valait-il le meilleur pour cela ? se demanda-t-il avec dédain. Rien de mieux, bien pire, que d'avoir attiré son attention sur ces simples ragots, ces agitations absurdes et ces agitations officieuses qui s'immiscent dans les moments les plus graves et participent aux plus grands événements. Mme Bates discutant des affaires de sa chapelle et des dissensions privées entre le ministre et les diacres, ou un secrétaire de légation occupé à calculer comment l'empereur, le comte A. et le prince B. se contredisaient, quelle était la différence ? N'était-ce pas tout cela mesquin, misérable, indigne ? Quel était le meilleur pour un homme ? Et bien que les *salons* fussent plus charmants et le style de conversation plus gracieux, le sujet n'était-il pas partout le même que dans le salon d'Underhayes, où Arthur avait fait une si grande connaissance des vulgarités de la vie ? Il était dégoûté par tous. Le seul bien sous le soleil était sûrement de profiter autant que l'on pouvait là où l'on pouvait, en laissant de côté toutes les autres considérations. Soyez heureux — si cela est en votre pouvoir — mais si vous ne l'êtes pas, alors amusez-vous, si vous en êtes capable, distrayez-vous de vos propres pensées, divertissez-vous, sinon par l'amour et la bonté, du moins par la folie, et les affectations et l'estime de soi envers les autres. Cette croyance n'était pas naturellement du goût d'un jeune homme franc et ouvert, sympathique avec ses semblables, viril, amical et doux de cœur ; mais son malheur lui avait donné un tour, et tout l'entraînement auquel il était soumis à présent, toutes les influences qui l'entouraient, l'y conduisaient. Qu'importe ? Mangeons et buvons, car demain nous mourrons. Arthur était sur le point de céder à ce credo. Il était au bord de ce gouffre sans fond et où il y a si peu d'espoir ; et il aurait pu finir par être un infidèle gai, un cynique froid mais rieur, même un incroyant en tout ce qui est bon, qui devrait non seulement accepter ce négatif de toute vertu, mais s'en amuser, la dernière dégradation. Il avait presque cédé, lorsque la lettre de

Durant lui annonçant la disparition de Nancy survint soudain dans sa vie comme un coup de foudre. Il avait pensé le moins possible à Nancy, le pauvre garçon ! Elle vivait la vie qu'elle avait choisi de vivre sous la protection de ses parents dans le foyer qu'elle préférait. Arthur connaissait trop bien la réserve et la pureté à moitié sauvage de la jeune fille pour douter de son honneur envers lui. Ce n'était pas qu'elle pouvait transférer son cœur à un autre ; mais qu'elle n'avait aucun cœur en ce qui le concernait ; non pas qu'elle soit infidèle en amour, mais qu'elle puisse vivre sans amour. Il lui avait écrit sans obtenir d'abord de réponse ; puis il avait cessé d'écrire ; il n'avait plus eu de nouvelles d'elle depuis environ dix-huit mois, sinon que son argent était payé ; aucun signe d'elle ne lui était parvenu depuis tout ce temps. Son cœur avait traversé toutes les étapes du désir, de l'attente, de l'angoisse terrible, de l'espoir persistant contre l'espoir. Et puis il s'était détourné résolument de l'ingrat. Il n'a jamais prononcé le moindre nom à personne, il a renoncé à sa correspondance avec Durant, il a laissé tomber son passé dans cette tombe d'obscurité où tant d'hommes jettent, les uns après les autres, en morceaux, les vies qu'ils ont jetées. loin. Ce n'était pas sa faute, ou du moins c'était très loin d'être entièrement de sa faute si ces chances de vie avaient été gâchées ; mais maintenant, laissez-les partir et que personne n'essaye de se plaindre à leur sujet. Elle était aisée, parmi les personnes qu'elle préférait, bien soignée, chérie comme elle avait choisi d'être chérie, mais pas comme il l'aurait chérie. Laisse la. Elle lui appartenait, mais elle n'était pas pour lui, et personne d'autre ne pouvait l'être. Elle avait désolé la vie qu'il lui avait consacrée. Il y avait désormais un vide qu'elle ne voulait pas et que personne d'autre ne pouvait combler. Les liens légitimes, les espoirs plus purs étaient terminés. Mais il y avait d'autres consolations à moindre coût – s'il avait pu se persuader d'accepter ces enveloppes dont se nourrissent les porcs ; et il se décidait à ces dernières fêtes avilissantes.

Quand soudain la nouvelle de Durant entra dans sa vie comme un coup de foudre, brisant la stagnation de l'air malsain. Cette femme qui lui appartenait était, comme lui, seule au monde. L'humble coterie qu'elle lui avait préférée était brisée. Tout ce qu'elle avait aimé et auquel elle s'était accrochée lui avait disparu. Peut-être avait-elle ressenti, elle aussi, avant cela, la tristesse de cette existence privée de son lien le plus étroit, à laquelle elle l'avait condamné ; mais au moins, elle devait le ressentir maintenant. Tout lui avait disparu, l'abri de la maison de son père, la protection naturelle et le soutien moral qui l'avaient peut-être maintenue dans son erreur ; mais qui a dû lui faire défaut maintenant, avec tout le reste. Le premier sentiment dans l'esprit d'Arthur fut une vive pitié pour Nancy. Elle lui avait fait un tort considérable, elle avait gâché toutes leurs chances mutuelles de bonheur ; mais elle était jeune, inexpérimentée, stupide, une enfant qui jouait avec les éléments les plus dangereux, ne sachant rien de mieux, et maintenant le moment était venu où elle devait elle aussi en supporter la peine. Mais lorsqu'il réalisa les conséquences du malheur qui était arrivé à sa femme et qu'il apprit qu'elle avait quitté Underhayes et abandonné l'allocation qu'il avait été tant surpris, déçu et satisfait de lui voir accepter au début, le cœur d'Arthur se gonfla. avec un sentiment plus généreux et plus heureux qu'il ne l'avait touché depuis des mois. N'était-ce pas là une des choses qui l'avaient le plus dégoûté de la nature humaine, bien qu'il ne l'ait jamais exprimé en mots ? L'idée que sa femme, lorsqu'elle le quitterait, même si elle n'accepterait pas l'amour de sa part, accepterait de l'argent, pensée humiliante et dégradante ! Avec un sursaut et un soudain frisson de reconnaissance, il apprit qu'elle l'avait mis de côté maintenant, et ce seul fait lui éclaira tout ce qui s'était passé auparavant et sembla la ramener à lui débarrassée de mille malentendus. Il reconnut enfin sa Nancy, fière, téméraire, audacieuse, imprudente, capable de tous les accès de folie passionnée, mais non de calculs mercenaires ni de la prudence d'un marché délibéré.

Il avait tout vu maintenant, pensa-t-il ; et dans ses pensées, est-ce que quelqu'un pouvait se demander ? autant d'injustice envers le pauvre couple vulgaire dans leurs tombes, qui n'étaient pas plus mercenaires que la pauvreté ne les obligeait à l'être, comme il l'avait fait autrefois envers sa femme impétueuse et insensée. C'était leur faute ; on l'avait contrainte à ce vulgaire établissement qui l'avait tant révolté, en complétant les blessures du cœur par une allocation. N'avait-il pas su depuis le début que ce ne pouvait pas être Nancy ? Quoi de plus différent de Nancy, si indépendante, si provocante, si téméraire et indifférente à tous les préceptes de prudence qu'elle avait été ? Cela avait été un mystère pour lui, et une douleur brûlante tout au long ; mais maintenant il la reconnaissait à nouveau. C'était comme si tout à coup, après avoir longtemps effacé de sa mémoire, son visage avec tous les défauts et imperfections caractéristiques de sa beauté, défauts bien plus doux que l'imperfection défectueuse des autres, avait tout à coup brillé sur lui hors de l'obscurité. Peut-être, comment pouvait-il savoir que s'il avait été moins distant, si elle avait été moins fière, elle aurait pu se tourner vers lui dans son chagrin et sa solitude, chercher son soutien naturel, sa consolation naturelle ; mais au moins, elle s'était justifiée par cette action immédiate, précipitée et insensée. Si ce n'est pas l'amour, alors pas d'argent, pas de marché, pas d'avantage mercenaire. A travers l'obscurité, à travers le lointain, étincelants de colère, voilés de larmes, les yeux de Nancy semblaient soudain briller sur lui, la voix de Nancy, hésitante mais ferme, lui lancer un défi, un défi — était-ce un appel ? Il sortit du sein d'Arthur un soudain éclat de cris et de rires mêlés, et ses yeux dans sa solitude se remplirent de larmes, salées et brûlantes mais douces. Et alors qu'il était assis là seul, il rougit d'un rouge ardent sur son front et sa gorge. À quelle ignoble rivalité, quelle misérable participation avait-il presque dégradé sa femme ! mais Dieu soit loué, cette voix sortie des ténèbres était venue à temps.

Et d'abord il ne lui vint pas à l'esprit que cette soudaine et prompte justification d'elle-même, qui redressait Nancy, entraînait des conséquences extérieures qui pouvaient alarmer n'importe quel homme. Que pourrait-elle faire pour compenser la perte de moyens de subsistance qui doit en résulter ? Elle serait non seulement orpheline et sans amis, mais aussi sans le sou, sans rien et sans personne pour la protéger du besoin. C'est une pensée qui pourrait bien effrayer un homme habitué à toutes les ressources de la richesse, et qui n'aurait aucune idée de la manière dont les pauvres parviennent à trébucher et à maintenir leur corps et leur âme ensemble sans aucun revenu. Un frisson de douleur parcourut l'être d'Arthur à la pensée des sacrifices et des difficultés auxquelles elle pourrait être conduite ; bien que cela ne fût pas aussi puissant au début que le soulagement et la satisfaction de l'autre découverte, qu'elle était elle-même immobile, stupide, téméraire, passionnée, mais non mercenaire. Cependant, cela grandit en lui au fil des jours, et aucune réponse ne vint à la lettre qu'il écrivit instantanément implorant Durant (dont le temps et les travaux semblaient leur appartenir à ses amis) de ne pas perdre de temps pour retrouver Nancy. Comme cela arrive, et comme cela arrive si souvent dans les urgences de l'histoire individuelle, Arthur ne pouvait pas à ce moment se précipiter lui-même chez lui, comme il l'aurait fait presque à tout autre moment, pour sauver sa femme des privations qu'elle s'était imposées, quelles que soient les circonstances. ils pourraient être. Ses chefs étaient absents, il y avait une accalmie dans les affaires diplomatiques, et il était de son devoir de rester à son poste, de noter les petits potins de la cour, de faire la chronique de toutes les petites bières et de donner une importance nationale aux bribes de remarques qui est tombé du comte A. et du prince B.

Pendant un mois ou plus, il continua à faire cela, s'irritant chaque jour qui passait et devenant de plus en plus excité, de plus en plus anxieux. Peu à peu, Durant écrivait qu'il faisait toutes les recherches possibles, mais qu'il n'avait encore rien découvert. Et puis une fièvre de pensées anxieuses surgit dans l'esprit d'Arthur. Où pourrait-elle être ? que pourrait-elle faire ? quelles privations pouvait-elle endurer, quels travaux, quelles épreuves ? Toutes les histoires de détresse qu'il avait jamais entendues, de pauvreté orgueilleuse, de luttes pour l'emploi, d'indépendance spartiate mourant tranquillement de faim plutôt que de demander un morceau, toutes les railleries et tous les mépris que les patients méritent pour des prises indignes, lui revenaient à la mémoire. Pendant qu'il vivait délicatement et dormait doucement, sa Nancy, sa femme, se détournait peut-être, découragée, sans le sou, sans abri, de quelque porte qui lui était fermée. Au dessus des cieux! que pouvait-il faire ? Il a envoyé des publicités folles au « Times », il a écrit des lettres incessantes à Durant. Trouve-la! était son cri ; même si en fait Nancy passait son temps, dans l'ensemble, très confortablement, comme le lecteur le sait. Mais Arthur ne pensait pas à la petite fortune, aux deux cent cinquante livres qui devaient être remises à ses sœurs. Rien n'avait été fait et cela n'avait pas trouvé de place dans sa mémoire ; il ne pensait à rien de raisonnable, il se perdait seulement dans un vague nuage d'excitation, de terreur et d'anxiété, intensifié par le fait qu'il lui était impossible de s'enfuir et d'aller lui-même à sa recherche. Et ses ennuis furent encore décuplés par une rencontre fortuite avec son ami parisien, Denham, qui « pensait avoir vu » Mme Arthur Curtis quelque part, mais ne pouvait se rappeler où. Denham savait, comme tout le monde, que le mari et la femme étaient séparés ; et il était curieux et risquait de poser une question suggestive dont Arthur, dans son état d'attente, devenait une victime prête. Il ne cachait pas qu'il était inquiet, « depuis quelque temps sans nouvelles de sa femme », avouait-il ; et alors Denham, de son côté, se souvint qu'il l'avait vue quelque part ; où était-il qu'il l'avait vue ? Était-ce à Paris, était-ce à Londres ? il était arrivé récemment d' Angleterre ; et il ne pouvait pas se rappeler où c'était – quelque part dans une gare ferroviaire – mais où ? L'impression laissée dans l'esprit d'Arthur était qu'elle pourrait venir à lui, et cela trompa son anxiété pendant quelques jours, le faisant trembler à chaque bruit étrange et attendre jour et nuit son arrivée, qui ne vint jamais. Cette ultime épreuve en a fini avec lui, le pauvre garçon ! Cela ruinait ses chances de dormir, de sorte que ses nuits et ses jours devenaient un tourment pour lui. Et la probation a duré plus d'un mois après qu'il ait appris que Nancy avait quitté Underhayes – un mois – ce qui lui semblait être un siècle. C'était déjà loin en novembre qu'il fut enfin démis de ses fonctions et put rentrer chez lui. Pour la maison! où était-ce, se demanda-t-il tristement ? pouvait-il désormais exister ailleurs pour lui que là où elle était, qui faisait partie de lui, qui n'avait plus que lui-même et qui, en rejetant ce dernier lien matériel entre eux, avait rattrapé le cœur malade qui commençait à battre. vers le bas. Mais jamais, plus jamais il ne pourrait retomber dans cette infidélité de pensée dégoûtée et lasse. Pendant tout ce temps, sa fierté et son affection renaissante l'avaient empêché de communiquer son inquiétude à sa famille. Ils ne connaissaient pas Nancy comme lui, ils ne penseraient pas à elle comme lui, c'était certain. Leur fierté serait blessée par l'idée de la pauvreté ou de la détresse qui s'abattrait sur elle, mais leur cœur ne serait pas touché. S'ils entendaient parler d'elle comme d'une travailleuse peut-être pour gagner son pain quotidien, d'une pauvre couturière, d'une pauvre institutrice, ils la considéreraient non pas noblement, mais ignoblement, comme poussée à cela par la folie et non forcée par une fière indépendance. Il ne leur dirait rien. Il ne leur a même pas fait savoir qu'il reviendrait. Qu'il aille ou non à Oakley dépendait de bien d'autres choses, et il était plein de cette cruauté inconsciente qui naît de la préoccupation et de l'indifférence partielle. Il ne pensait pas aux sentiments de son père et de sa mère s'ils apprenaient qu'il était en Angleterre, mais autant à l'écart d'eux que s'il était encore à Vienne. Qu'étaient-ils en comparaison de Nancy ? Nancy qui était jeune, pauvre, seule, sans tuteur ni aide. Tous les pères et mères du monde n'étaient rien à côté d'elle. Ce n'est pas une considération agréable pour les pères et les mères ; mais pourtant c'était vrai.

Quelques jours étaient forcément perdus en voyage ; et quoi de plus bon que la longue retraite obligatoire d'un wagon de chemin de fer, qui vous enferme complètement avec vous-même, pendant que défilent les longues lignes de campagne, de plaine et de collines, et que toute la hâte et l'agitation du dehors ne font que créer le silence tourbillonnant de l'atmosphère. la boîte dans laquelle vous êtes enfermé plus complète — pour nourrir l'anxiété et chérir toutes les pensées troublantes ? La simple certitude qu'il ne devait pas s'abandonner à ses peurs lui avait donné une certaine puissance de maîtrise de soi tant qu'il restait à Vienne, qui l'abandonnait désormais tout à fait. Son esprit était en fièvre lorsqu'il arriva à Londres. Il était tard dans la nuit et la seule chose qu'il pouvait faire était de se jeter dans un taxi et de se rendre dans les appartements de Durant au Temple, où, dans toute l'agitation de ses pensées fébriles, il fut soudainement arrêté par l' information. que Durant était hors de Londres, occupé aux affaires de la commission pour laquelle il avait été nommé. Il n'avait même pas entendu parler de cette commission ; car Lewis avait été réticent à écrire sur les nombreux événements qui s'étaient produits récemment, ne sachant pas ce que son ami pourrait penser de ses propres fiançailles à moitié autorisées, ni s'il n'était pas préférable que Nancy ait un moment de tranquillité pour se frayer un chemin avec le famille à Oakley. Cela avait gardé Durant silencieux plus longtemps que ce qui aurait pu être tout à fait amical ; mais, comme le destin l'avait voulu, il avait enfin repris courage et avait écrit à Arthur le jour même où Arthur avait quitté Vienne ; et la lettre qui eût donné tant de renseignements arriva dans l'une des capitales au moment où la personne à qui elle était adressée arrivait dans l'autre. Il fut cruellement déçu par l'absence de Durant. Dans la confusion de ses pensées, cela ressemblait à un crime. Quelle commission publique au monde pouvait affecter le bonheur de son ami, le secours d'une femme qui était pour cet ami plus que tout le monde ? Arthur pouvait à peine garder patience, même avec l'innocente blanchisseuse qui répondait à ses questions. Il entra dans la chambre de son ami et y trouva sa propre lettre annonçant sa venue, qui lui était arrivée quelques heures seulement avant lui, et qu'il déchira avec véhémence en cent morceaux. Mais toute sa rage et sa véhémence ne pouvaient rien pour lui. Il fut obligé de s'en aller, d'aller dans un hôtel, et, dans l'impossibilité totale de faire quoi que ce soit, de manger et de dormir, ce qui le sauva peut-être de la fièvre. C'était tout ce qu'on pouvait faire cette nuit-là.

CHAPITRE XII.

Savoir quelque chose que ceux qui vous entourent ne savent pas, garder secret quelque chose qui les intéresserait au-delà de toute mesure et affecterait leur conduite ; mais que vous, dans votre sagesse supérieure, croyez qu'il vaut mieux qu'ils ne le sachent pas, c'est jouer un rôle très difficile, l'un des plus difficiles de la vie. Et si vous l'entreprenez sans posséder les qualités nécessaires de réticence et de maîtrise de soi, avec au contraire toutes les habitudes d'une vie innocente, les traditions de franchise familiale et d'intercommunication de tout, grand ou petit ; et si pour ajouter à toutes ces difficultés vous aviez l'habitude de vivre avec une autre compagne intime comme si vous et elle n'aviez entre vous qu'une seule âme, on peut imaginer combien la tâche sera difficile. C'était ce que Lucy Curtis s'était engagé à faire. Elle n'avait aucune idée, au moment où elle l'avait entrepris, à quel point c'était difficile. Dans un élan de générosité déterminée et de bonne intention envers la femme dont, au plus profond de son âme, elle se sentait jalouse parce qu'elle recevait un respect et une attention auxquels elle n'avait pas droit, elle avait pris sur son épaule cette tâche herculéenne - et maintenant elle ne le ferait plus. reculez-vous; mais il était difficile, au-delà de toute croyance, de le réaliser. Cent fois par jour le nom de Nancy tremblait sur ses lèvres. Entre sa mère et elle, la conversation ne consistait pas tant à parler qu'à réfléchir à voix haute. Tout était commun entre eux, leurs pensées, les événements de leur vie, leurs lectures, leurs spéculations ; ils faisaient tout *à deux*, comme même un mari et une femme ne peuvent pas le faire, comme peut-être seules une mère et une fille y parviennent. Les différences de caractère entre eux, la différence entre l'expérience de Lady Curtis et ces contacts avec le monde qui, en près de cinquante ans de vie, modifient inévitablement le caractère, et la jeunesse de Lucy, pleine de certitude – ses convictions plus fortes et ses perceptions plus absolues du bien et du mal – ceux-ci donnaient la teinte nécessaire d'individualité à leurs propos. Mais il n'y a jamais eu de réserves entre ces deux-là.

Ainsi, lorsque Lucy se décida à garder pour elle l'annonce de Durant concernant la présence prochaine de Nancy, elle entreprit un fardeau pour lequel ses forces n'étaient guère adaptées. Pour s'aider à le supporter, elle se dit qu'elle n'avait encore aucune certitude à ce sujet, qu'elle n'était pas sûre que la femme que Durant avait vue était Mme Arthur ; et qu'elle-même, ayant vu une fois la femme de son frère, ne la reconnaissait plus maintenant, bien que forcée par cent circonstances de croire que c'était elle. Non, se dit-elle, elle n'avait aucun mandat légal, aucune certitude suffisamment forte pour la justifier à troubler l'esprit de ses parents par une supposition qui, peut-être, pourrait s'avérer erronée. Cela perturberait grandement leur esprit. Leur aimable attention en faveur de l'étranger n'était pas assez forte pour supporter une telle interruption, et ils ne sauraient absolument que faire ; ce qu'Arthur souhaiterait qu'ils fassent ; ce qui serait le plus opportun dans ces circonstances douloureuses. Si Nancy était connue pour être l'épouse d'Arthur, elle ne pouvait pas y rester sans la reconnaissance de la famille d'Arthur ; et comment pourraient-ils l'adopter dans leur sein, alors que c'était elle qui s'était séparée de son mari, l'avait renvoyé d'elle, lui avait gâché la vie ? Elle ne pouvait pas être en désaccord avec son mari, ni en amitié avec son père et sa mère, séparée de lui, mais reçue par eux. Non, c'était impossible ; et quand personne ne savait même si c'était Nancy ! Il se pourrait que ce soit une toute autre personne que Lewis avait vue – ce pourrait être quelqu'un d'Oakenden, la ville la plus proche, venu passer la journée. Il s'agissait peut-être de l'épouse du pasteur de la paroisse voisine, la jeune Mme Brown, récemment mariée et peu connue dans le quartier. Il s'agirait peut-être d'une demi-douzaine de personnes. Pourquoi ce serait Mme Arthur de Wren Cottage ? S'il s'agissait bien de Nancy, l'épouse d'Arthur Curtis, était-il probable qu'elle aurait pris un déguisement aussi transparent ? Tous ces arguments, Lucy se les reprenait, les sentant inutiles. Dans son esprit, elle ne doutait pas que Mme Arthur au Cottage était sa belle-sœur, que Lewis l'avait vue et qu'elle l'avait fui. Mais ce n'étaient que ses propres idées, rien de plus ; et même s'ils étaient des faits et s'avéraient vrais, à quoi servirait-il de le dire à sa mère – ne valait-il pas mieux attendre, voir ce qui pourrait arriver, laisser les événements se former eux-mêmes ? Mais ah ! comme c'était dur – combien plus dur que quiconque aurait pu le croire !

Lady Curtis, de son côté, était secrètement affligée de son enfant. Elle n'a porté aucune plainte ; elle raisonnait en effet contre la douleur qu'elle ressentait, se disant qu'il était naturel que Lucy soit préoccupée, qu'elle parle moins librement quand elles étaient assises ensemble, qu'elle ait moins à dire à sa mère. N'en avait-elle pas maintenant un autre pour qui elle emmagasinerait tous ces effusions du cœur qui n'appartenaient qu'à sa mère ? Elle était, elle le savait et l'avouait humblement, ridiculement prête à être blessée, et ressentait la moindre petite piqûre inconsciente de la part de ceux qu'elle aimait ; mais elle doit être juste envers Lucy. Il ne manquait à Lucy rien qu'une mère raisonnable puisse souhaiter ; mais seulement eux deux étaient tout à fait l'un pour l'autre, et Lady Curtis sentait que pour Lucy, elle n'était plus tout à fait. De longs silences s'établissaient entre eux pendant qu'elle travaillait dans ses équipes, et Lucy poursuivait les diverses occupations de l'après-midi d'une jeune femme, une jeune femme qui est souveraine de paroisse et qui a un grand nombre d'affaires publiques petites mais importantes en main. Ces silences, Lady Curtis les rapportait au récit de Durant, et sentait grandir dans son esprit quelque chose de très différent de son ancienne affection pour Lewis, qu'elle s'efforçait de toutes ses forces d'écraser, sans trouver cela facile. C'était naturel, et elle devait être juste ; tandis que ce n'était toujours pas Lewis qui était en faute. Heureusement,

Lucy elle-même ne savait même pas que sa mère avait découvert son embarras et n'avait pas la moindre idée que cela était dû au récit de Lewis. Et ainsi un petit quelque chose, qui n'était pas tant qu'un nuage, une brume sur le ciel clair, une vapeur fantastique, mais annonçant l'orage et l'obscurité, commença à respirer entre eux. Ils étaient déçus l'un de l'autre ; D'une manière ou d'une autre, la sympathie semblait échouer entre eux. Était-ce que sa mère était *exigeante* , se demandait Lucy, mot même douloureux, jalouse ? C'était que Lucy avait quelqu'un d'autre à aimer, qu'elle n'était plus de première importance pour son enfant, pensait la mère ; et le fait était que tous deux avaient tort, que ce n'était ni la jalousie d'un côté ni la désertion de l'autre, mais Nancy — rien qu'un secret, le plus innocent des secrets, et le plus bien intentionné, qui faisait le mal.

Et plus ses pensées s'attardaient sur ce sujet, et plus il devenait évident à l'esprit de Lucy qu'elle ne devait pas trahir sa découverte, plus elle devenait curieuse quant à l'objet de tout cela. Jamais un jour paroissial ne venait maintenant sans qu'elle ne rende visite à Mme Arthur. Cela ne réussissait pas toujours, car Mme Arthur sortait souvent, comme le pensait Lucy, pour l'éviter ; mais dans ces occasions, elle parlait à la sœur dont personne ne connaissait le nom. Lucy l'appelait Miss Arthur, avec un regard attentif et scrutateur, et vit au petit sursaut de Matilda et à son regard soudain, comme pour la contredire, que ce n'était pas son nom ; mais elle se ravisa après un moment de réflexion et se laissa appeler Miss Arthur pour le reste de l'entretien. Et Lucy n'eut aucune difficulté à obtenir de Matilda tous les détails de son histoire familiale qui ne touchaient pas Nancy. Comment leurs parents étaient morts, comment leur frère unique était parti en Nouvelle-Zélande ; et Matilda ne cachait pas qu'elle espérait suivre Charley, et, en effet, dans ce but, elle était occupée de toutes les chemises auxquelles Lucy la voyait travailler.

"Ce sera un long voyage", a déclaré Matilda, "et il faudra une grande quantité de provisions."

"Mais est-ce que ta sœur ira aussi?"

"Ma sœur? J'ai deux sœurs, Miss Curtis. On est très bien mariés là où nous vivions. Je les ai entendus dire que si Charley réussissait très bien et qu'il semblait y avoir une bonne ouverture, cela ne les dérangerait pas ; car qu'est-ce que la Nouvelle-Zélande aujourd'hui ? – pas beaucoup plus loin que la France, aimait toujours dire mon père.

« Mais je voulais dire votre sœur ici, Mme Arthur. Ne sera-t-il pas bien triste pour elle si vous partez ?

« Oh, ma sœur, Mme Arthur ! Elle est très différente du reste d'entre nous ; les choses ne se passent pas avec elle comme chez nous tous. Je ne peux pas prendre sur moi de dire ce qu'elle fera.

Pendant que cette conversation se poursuivait, Lady Curtis, qui avait parcouru l'avenue à la recherche de Lucy, rencontra Mme Arthur qui arrivait par l'échalier et s'arrêta pour lui parler.

« Je vois que tu as encore de belles feuilles ; tu vas les dessiner ? Vous devez avoir un certain génie pour le travail artistique.

"Oh, non, pas de génie pour quoi que ce soit", dit Nancy, avec les rougeurs rapides de changement soudain sur son visage que Lady Curtis provoquait toujours. Elle était plus à l'aise quand personne ne la regardait. Elle avait le sentiment qu'elle devait être censée « s'attirer les faveurs » de Lady Curtis lorsqu'une troisième personne était présente. « Pas de génie ; ça a toujours été ma ruine que je sois si stupide, dit Nancy d'un air sérieux qui paraissait très piquant et amusant en conjonction avec de telles paroles.

« Votre ruine, ma chère ? J'espère que vous êtes loin d'être ruinés de toute façon ; et je ne pense pas que cela puisse se produire sur ce point, » dit Lady Curtis en souriant.

"Ah!" » dit Nancy, de tout son cœur dans le soupir qui sortait de ses lèvres rouges, « personne ne peut raconter les ennuis d'autrui. J'en ai eu beaucoup; mais ils sont tous venus parce que j'étais si stupide ; bien qu'après avoir dit une chose fausse, je sens toujours que c'est mal et je sais ce que j'aurais dû dire ; mais il est alors trop tard, cela ne fait qu'empirer les choses », souffla-t-elle avec un long soupir.

« Eh bien, » dit Lady Curtis, toujours souriante, « je ne sais pas quelles mauvaises choses vous avez pu faire ; mais c'est le mieux qui puisse vous arriver, car vous vous souviendrez la prochaine fois de dire non pas la mauvaise chose, mais la bonne.

"Ah!" dit encore Nancy avec de grands yeux sérieux ; « mais c'est exactement ce que je ne peux pas apprendre à faire ! Ce n'est pas du mal, c'est de la bêtise. Je fais les mêmes erreurs, je fais les mêmes fautes, et je parle comme je ne devrais pas parler.

"Pauvre fille!" » dit Lady Curtis, touchée par les larmes qui coulaient pendant que Mme Arthur parlait. «C'est une triste expérience pour vous. J'espère que ce n'est pas si grave que vous semblez le penser. Je suis beaucoup plus âgée que toi, poursuivit-elle, encore plus émue tandis qu'une grosse larme coulait, se bloquant comme un petit océan sur la manche noire de Nancy, et si je peux t'aider ou te donner des conseils, je devrais le faire. soyez heureux de le faire. Notre expérience ne vaut pas grand-chose si nous ne pouvons pas aider les plus jeunes ; et bien que je ne vous connaisse pas, je m'intéresse à vous.

"Oh, tu es gentille, très gentille", s'écria Nancy, une rougeur brillante parcourant son visage. « Je n'aurais jamais pensé que quelqu'un puisse être aussi gentil ; mais mes ennuis sont tous de ma faute, ajouta-t-elle rapidement ; « Et le pire, c'est que je ne peux rien faire. Non, personne ne pouvait rien faire. Vouliez-vous dire que vous aimeriez vraiment ce motif ? Ces pauvres choses naturelles ? il y avait un regard mélancolique dans ses yeux, mais elle essaya de rire et secoua ses larmes, "ils ne semblent pas mériter l'attention d'une dame comme vous."

« J'ai bien peur que vous ne soyez une petite oie », dit Lady Curtis en tapotant la main de Nancy avec la sienne. C'était la seule façon pour elle de montrer la sympathie qui montait si chaleureusement en elle qu'elle pouvait à peine dire pourquoi. « La nature mérite autant l'attention d'une reine que celle d'un mendiant. Et oui, effectivement, le modèle me plairait. Veux-tu vraiment le faire pour moi ? Mais vous devez venir au Hall et voir mon travail ; et Sir John désire beaucoup faire votre connaissance. C'est vous, n'est-ce pas, qui lui avez ouvert la porte ?

"Oui." Une autre rougeur vive couvrit le visage de Nancy ; elle devenait de plus en plus jolie à mesure qu'elle s'animait ainsi, oscillant d'une émotion à l'autre. Cette fois, cela semblait n'être que du plaisir, la réchauffant partout et faisant briller son visage.

« Depuis, il n'a fait que s'extasier sur vous. Je serai jaloux si cela ne vous dérange pas. Viendras-tu demain?"

"Pas demain", dit Nancy, son visage changeant comme un ciel au coucher du soleil. "Oh, Lady Curtis, vous êtes trop gentille avec moi. Vous ne me connaissez pas… »

"Non, pas beaucoup; mais il faut que tout ait un commencement, dit la gracieuse dame. « Nous devons fixer un jour. Si ce n'est pas demain, que ce soit samedi. Cela vous laissera quatre jours pour vous décider. Vous devez venir tôt pour déjeuner, et Lucy et moi vous montrerons tout ce qu'il y a à voir. Si vous rencontrez Lucy, lui direz-vous que je remonte lentement l'avenue en l'attendant. Elle devrait rentrer chez elle maintenant.

Nancy est repartie la tête pleine d'excitation et une centaine de pensées contradictoires. Elle rencontra Lucy au coin de la rue du village, qui la regarda avec des yeux enquêteurs. À qui a-t-elle parlé pour lui donner un air si brillant et si agité ? se demanda Lucy. Ce ne pouvait sûrement pas être Bertie, décédé peu de temps auparavant ? La jalousie d'un tigre surgit soudain dans l'esprit de Lucy. Si cette fille est venue ici pour concilier la famille, pourtant sous leurs yeux cela ressemblait à *ça* , à cause de l'admiration d'un autre homme !

« Miss Curtis, je viens de rencontrer... » (Nancy n'aimait pas dire « votre mère », cela semblait trop familier ; et sa dame, comme le disait Matilda, ressemblait trop à une servante) « Lady Curtis. Elle m'a dit que je devais te dire qu'elle t'attendait dans l'avenue. Elle est très gentille », dit Nancy avec un petit regard attrayant. « Elle a dit que je devais venir au Hall. Est-ce qu'elle veut vraiment que je vienne, Miss Curtis ? Vous me direz vrai.

« Pensez-vous que ma mère dit ce qu'elle ne veut pas dire ? s'écria Lucy, elle-même à moitié touchée, à moitié en colère ; car elle sentait maintenant qu'elle ne voulait pas aimer cette fille dont elle seule connaissait le secret, et pourtant il y avait danger qu'elle soit amenée à l'aimer. La créature était magnifique, quelque chose l'avait inspirée. Elle n'avait jamais été aussi belle auparavant. "Bien sûr, elle veut que tu viennes, que peux-tu supposer d'autre ?"

«Je ne le savais pas, les gens étaient si gentils», dit Nancy d'un ton très bas. Puis elle regarda Lucy, mi-mélancolique, mi-méfiante. Lucy n'était pas comme les autres, il y avait en elle un mélange de sentiments qui n'existaient pas chez les autres, une complication de sentiment que Nancy devinait, sans qu'elle n'aurait pu dire comment. «Je viendrai si tu le dis», dit-elle.

"Alors viens," dit Lucy en tendant la main avec un mouvement brusque. "Et au revoir. Je dois courir, si ma mère m'attend… » Elle s'enfuit aussi pour d'autres raisons. Il lui semblait qu'elle devait dire quelque chose, révéler son savoir, encourager Nancy à gagner les faveurs de son père et de sa mère si elle s'attardait encore un moment. "Est-ce parce qu'elle est si jolie?" Lucy se demanda ; "Si j'étais un gentleman peut-être !" En fait, les femmes sont absurdement soumises à ce charme de la beauté ; mais on nous a appris à penser qu'il n'en est pas ainsi, et la plupart des gens croient comme on le leur enseigne ; Lucy supposa donc que ce devait être autre chose qui l'émouvait et lui faisait soudain oublier ses préjugés. Elle courut après sa mère, qui s'attardait encore dans l'avenue. C'était encore le début de l'après-midi, mais la courte journée d'hiver touchait déjà à sa fin.

« Vous êtes en retard », dit Lady Curtis en arrivant. "Je pensais que, comme la nuit tombe si tôt, je viendrais te rencontrer." C'était l'un des nombreux petits ajouts pathétiques à ses manières tendres ordinaires, que Lady Curtis faisait, en partie sans s'en rendre compte, pour concilier son enfant.

« Merci, maman. J'ai rencontré Mme Arthur et elle m'a dit que vous étiez ici.

« Oui, je l'ai rencontrée aussi ; comme elle est jolie ! et elle m'a fait de si curieux et jolis discours. Est-ce de l'humilité, est-ce de la fierté ? Je ne peux pas comprendre. Je pense que cette jeune femme doit avoir une histoire.

"Je suppose que la plupart des gens l'ont fait", a déclaré Lucy.

«Vous voyez ce que je veux dire», dit Lady Curtis. « Elle s'est mise à me raconter ses défauts, la pauvre, *à propos de bottes* . C'était tout à fait déplacé, mais la confiance, quel que soit celui qui la donne, est toujours touchante. Je suppose que cela ressemble à un compliment. C'est toujours élogieux lorsque les gens vous font confiance. Ici, elle a exercé une petite pression douce sur le bras de sa fille. Lucy le sentit, mais ne le comprit pas, comme c'était naturel. C'était le reproche le plus doux et le plus tendre pour quelque chose retenu ; mais Lucy comprenait une chose et Lady Curtis en voulait une autre. C'est pourquoi ils parvinrent maintenant à un accord, même s'il était encore erroné. « Si jamais je te cache quelque chose, maman, s'écria-t-elle, c'est seulement parce que... parce que... »

« Ma chérie », dit la mère en serrant le bras de son enfant dans le sien. "Tu penses que je ne comprends pas?" et elle poussa un petit soupir.

Qu'est-ce qu'elle a compris ou pas ? Lucy était complètement perplexe ; puis ils se mirent à parler d'autre chose ; de la paroisse, et combien de jupons de flanelle et de paires de couvertures faut-il commander pour Noël ; et à propos de la petite école de cuisine, qui était le passe-temps actuel de Lucy : avec quelle habileté Annie Bird, la fille modèle, préparait la soupe pour les malades ; puis, changeant de cela, ils se demandèrent quand arriverait la prochaine lettre d'Arthur et se dirent qu'ils n'aimaient pas le ton de la dernière. Pauvre Arthur ! serait-il possible de le ramener à la maison pour Noël. Lady Curtis a sûrement dit qu'il n'avait pas l'intention de rester définitivement hors d'Angleterre à cause de sa terrible épouse. Ce serait vraiment dur pour sa propre famille, qui l'aimait. Et c'est ainsi qu'ils séduisirent tout le long de l'avenue sombre, le visage tourné vers les lumières de leur maison. Oh, si seulement Arthur rentrait à la maison ! Là au moins il ne trouverait que de la tendresse, pas un mot pour le contrarier, le pauvre garçon ! rien qui lui fasse penser à la femme qui avait fait de sa vie un désert et un désert.

Pendant que sa mère parlait ainsi, on peut supposer à quel point Lucy tremblait, à tel point que Lady Curtis en prit note et demanda avec inquiétude ce qui se passait. Pensait-elle qu'elle avait pris froid ? est-ce qu'elle s'est sentie malade ? Non, dit Lucy en se dépêchant, elle n'avait pas pris froid ; mais elle avait froid, elle l'avait senti tout l'après-midi ; puis Lady Curtis l'entraîna dans la chaude flamme de la salle du matin et vers le thé chaud que Sir John vint partager presque aussitôt qu'ils arrivèrent à l'intérieur. Il pensait aussi qu'il faisait très froid, un temps de saison, comme il se doit pour annoncer Noël ; puis il entendit le petit budget de nouvelles. Il était ravi d'apprendre que Annie Bird était douée pour la soupe, et encore plus ravi que la dame de la porte, la jolie inconnue, vienne samedi. Aux yeux du vieil homme, l'un des faits n'était pas beaucoup plus important que l'autre.

CHAPITRE XIII.

Nancy marcha très vite dans la rue du village ; les feuilles rouge-brun tombaient de ses mains ; elle les avait oubliés ; son esprit était plein d'excitation et ses yeux de lumière et de vie. Si Arthur avait pu la voir à ce moment-là, lui qui venait tout juste d'arriver en Angleterre, plein de pensées anxieuses à son sujet, la considérant comme peut-être dans le besoin, certainement dans la pauvreté, luttant contre un destin défavorable, il n'aurait guère connu sa femme. . Jamais, depuis tout le temps qu'il l'avait connue, Nancy n'avait paru aussi brillamment vigoureuse, et même heureuse. Elle était heureuse d'une certaine manière, heureuse dans le frémissement de la vie qui régnait dans son esprit, dans le sentiment d'urgence qui faisait appel à tous ses pouvoirs, et dans cette conscience potentielle d'une existence active qui vaut parfois même mieux que le bonheur. Toutes ses facultés étaient en exercice vigoureux, son esprit était occupé de projets et de pensées. Elle avait à faire face à une situation qui aurait pu faire trembler la femme la plus courageuse dans sa situation ; mais cela ne faisait que lui tendre les nerfs et lui faisait sentir la force en elle des picotements jusqu'au bout de ses doigts. Elle était téméraire, impulsive et impétueuse, comme elle l'avait toujours été, mais le choc et la torsion d'un orgueil malheureux, d'une fausse position, d'une ignorance et d'une infériorité conscientes et d'une affirmation de soi difficile avaient disparu. Elle remonta rapidement le village entre les rangées de chaumières, avec leurs petites lampes allumées, et devant la lueur que la fenêtre de Mme Rolt jetait sur le soir. Le recteur et le docteur allaient dîner ce soir-là avec la cousine Julia, et la table était déjà mise et montrait franchement sa modeste grandeur aux spectateurs du dehors, qui la trouvaient vraiment très belle. Mme Rolt avait invité Nancy à ce dîner, et bien qu'elle ait refusé d'y aller, elle jeta un coup d'œil à travers les stores grillagés vers l'intérieur éclairé et la table dressée, avec la agréable conscience qu'elle aurait pu être là si elle l'avait voulu. Puis elle se rendit au Wren Cottage, où Matilda, plus prudente que Mme Rolt, avait baissé les stores lorsqu'elle allumait la lampe. Elle était assise comme d'habitude à ses chemises ; mais elle n'était pas aussi à l'aise que d'habitude, car elle avait été incitée à parler beaucoup de choses à Miss Curtis sur la famille et avait mentionné le nom d'Underhayes et celui de Nancy - toutes choses qui, dans le code d'instructions privées rédigé pour quand elle est venue ici, ont été considérés comme des crimes capitaux. Mais Mathilde ne se sentait pas obligée de révéler ces erreurs. Elle était cependant « bavarde et peu conciliante », très disposée à entendre parler des rencontres que Nancy avait pu faire et à rendre compte, avec réserve, de sa propre initiative. Nancy entra, ouvrant la porte qui s'ouvrait innocemment du dehors, comme c'est l'usage dans la plupart des campagnes. Elle se jeta sur la première chaise qu'elle rencontra et déposa ses feuilles (« de vilaines ordures humides, à quoi lui donner la mort de froid

») sur la table sur laquelle Mathilde déjà, bien qu'il fût trop tôt pour l'avoir, pourtant, par souci de gaieté, nous avions servi le thé. Et puis Nancy regarda droit dans la lampe, avec des yeux qui semblaient donner tellement de lumière, si brillants, si brillants, que Mathilde, bien que si familière avec eux, fut frappée de surprise.

"Comment peux-tu regarder la lumière ainsi, Nancy?" dit-elle, "tu vas te ruiner les yeux."

"Devrais-je? cela ne leur fait pas de mal.

« C'est très bien de dire cela maintenant ; mais attends d'être plus vieux. Maman disait qu'il n'y avait rien de si grave. Ah, Nancy, tu as pris les choses en main : les règles de ma chère vieille mère ne comptent plus pour grand-chose maintenant.

« En effet, c'est le cas », s'écria Nancy avec des larmes soudaines ; « En effet, ils le font, et ils le feront quoi qu'il arrive ! Je ne suis pas infidèle. Ceux que j'aime, si je les aime une fois, je les aime pour toujours, morts ou vivants.

"Ah!" » dit Matilda avec un ton interrogateur dans la voix. On ne savait pas clairement à quoi elle pensait ; mais le caractère colérique et l'esprit agité de Nancy se devinèrent immédiatement.

« Tu veux dire Arthur ? Eh bien, et je le pense aussi. Je le fais quand même. Je ne l'ai peut-être pas simplement montré – toujours : mais je le pense – et je le ferai, si je devais vivre cent ans.

«Je m'interroge sur toi, Nancy! Pourquoi ne lui écris-tu pas alors pour lui dire ? Je n'ai jamais su si vous l'aviez fait ou non jusqu'à ce moment-là – et cela ressemblait beaucoup plus à ce que vous ne l'aviez pas fait. C'est ce qu'il pensait, j'en suis sûr.

"Puis-je vous donner le sens de voir, soit à lui, soit à vous ?" s'écria Nancy avec un vif mépris. Elle ne savait pas que le Dr Johnson avait déclaré qu'il était impossible de fournir une compréhension. Et puis elle leva les bras d'un geste soudain et fin, jetant les feuilles rouge-brun de l'hiver et secouant la table à thé avec sa charge. "Oh, que dois-je faire?" s'écria-t-elle, que dois-je faire ? Je vais à la Salle samedi ; ils veulent que j'y aille, ils me l'ont tous demandé ; et Lady Curtis m'a appelé, ma chère. Mais elle ne savait pas qui j'étais. Et je les trompe, Matty. C'est la même chose que de mentir. J'ai fait beaucoup de mauvaises choses, dit Nancy, mais je n'ai jamais menti. Comment puis-je aller m'asseoir à leur table et les regarder en face, et tout le temps ce sera un mensonge ?

"Qu'est-ce qu'un mensonge?" » dit Matilda, sobre. « Vous n'avez pas besoin de dire quelque chose qui n'est pas vrai. Ce n'est pas comme si vous aviez changé de nom. Vous êtes Mme Arthur, et vous seriez Mme Arthur quoi qu'il arrive. Je crois que Miss Lucy soupçonne quelque chose ; elle a une façon de prendre les choses si calmement, comme si rien n'était nouveau pour elle. Et de toute façon, si le pire devait arriver, eh bien, vous n'êtes pas obligé d'y aller.

"Mais j'y vais", dit Nancy avec des yeux brillants. « Oh, juste pour être là, pour tout voir, pour savoir exactement où il m'aurait emmené, où j'aurais pu vivre si je n'avais pas été un…. Je vais aller! C'est ce que j'ai décidé. Elle m'a appelé, ma chérie, je t'ai dit qu'elle m'appelait ma chérie ? et il a dit que le vieux Sir John avait fait l'éloge de moi ; et m'a supplié d'y aller. La vive rougeur du plaisir revint sur le visage de Nancy tandis qu'elle parlait, et ses yeux brillèrent à nouveau, face à la lampe, comme des lumières rivales mais réfléchissantes. Un vague sourire apparut sur son visage ; il y avait là un peu de vanité, une satisfaction heureuse des conquêtes qu'elle avait faites. Puis un nuage vint tout à coup au-dessus. « Mais quand même, ce sera de la triche, oh, ce sera de la triche, Matty ! Je n'y renoncerai pas ; mais vous pouvez commencer à faire les cartons, dit soudain Nancy. « Après avoir été là-bas, je devrai tout leur dire et nous partirons. »

"S'en aller! Je pense que tu as perdu la raison, Nancy. Nous venons de payer le deuxième mois d'avance, et ils ne nous le rendront jamais ; et considérez combien cela coûte cher de voyager avec autant de bagages – tout ce que nous avons dans le monde. Je pensais, dit Mathilde mécontente, que nous aurions au moins dû rester ici, maintenant que nous sommes ici, jusqu'à ce que quelque chose soit réglé, jusqu'à ce que vous ayez pris une décision dans un sens ou dans l'autre.

"J'ai pris ma décision. Quand nous sommes arrivés ici, je n'aurais jamais pensé qu'ils nous feraient attention. Pourquoi auraient-ils fait attention à nous, deux pauvres filles vivant dans une petite chaumière et ne connaissant personne ? Je voulais juste voir quel genre de personnes ils étaient, c'est tout », a déclaré Nancy avec sérieux. « Je n'ai jamais pensé à autre chose. Pourquoi auraient-ils dû penser à nous ? Nous étions complètement hors de leur chemin.

« Eh bien, » dit Matilda, à qui il semblait que c'était là une bonne occasion de montrer son propre jugement supérieur, « c'est parce que vous pensiez que ce n'étaient pas des gens très gentils. Vous avez pris votre décision à leur sujet avant de les connaître. Mais ce *sont* des gens sympas. Je ne souhaite jamais voir une dame plus gentille que madame.

« Matty, mon cher, je ne veux pas être méchant ; mais si vous voulez dire lady Curtis, et non sa seigneurie, rappelez-vous qu'elle est ma belle-mère.

Une fois de plus, cette rougeur vive, trop brillante pour autre chose que du plaisir, apparut sur le visage de Nancy. Combien de mépris, combien de défi, quelles tentatives d'insultes elle avait prodiguées au nom de Lady Curtis ; mais la mère d'Arthur l'avait appelée ma chère, l'avait regardée avec bonté avec des yeux doux ; et il était arrivé, par quelque processus subtil, que Nancy se sentait plus appartenir à cette dame aux yeux doux qu'à la bonne honnête Matilda, qui s'était tenue si vaillamment à ses côtés, mais qui conservait naturellement les manières de sa classe. , ce qui n'était plus la classe de Nancy.

« Des trucs et des bêtises ! » dit Mathilde. « Ce n'est pas *ma* belle-mère. Elle est très gentille, mais elle est bien supérieure à moi ; et je parlerai avec respect, quoi que vous pensiez. Ce *sont* des gens sympas, comme je le disais. Miss Lucy est ce que j'appelle une dame parfaite ; » (cela aussi a heurté la minutie naissante de Nancy ; mais elle n'a pas osé laisser entendre que Miss Curtis aurait plus raison) « et quand ils ont vu deux jeunes femmes seules, comme vous et moi, bien sûr, ils l'ont remarqué. Dans leur propre village, ces gens-là sont comme des rois et des reines, dit Mathilde ; « tout leur appartient. Ce n'est pas simplement être mieux loti. Je comprends moi-même ce sentiment ; c'est comme ce qu'une mère faisait pour les pauvres gens à la cour, pour voir à ce qu'ils continuent tout droit et envoient leurs enfants à l'école, et ainsi de suite. Mère n'était pas une grande dame, mais elle était connue dans le lieu, et prenait une charge comme ; et c'était une bonne femme. Il y a une sorte de ressemblance chez les gens honnêtes, dit Mathilde en détournant la tête. La perte de la mère était encore récente et leur faisait mouiller les yeux sans s'en rendre compte lorsqu'ils parlaient d'elle ; mais cette fois Nancy était trop préoccupée pour entrer dans cette allusion. Ses propres pensées surgirent et étouffèrent son appréciation de ce que sa sœur disait ; même si les idées de Mathilde, si elles n'étaient pas brillantes, étaient souvent les plus sensées des deux.

«Oui», dit Nancy après une pause; « C'est comme ça que ça doit être. Je ne veux pas quitter ce petit endroit. J'aime ça; Je pense que j'aime le pays. C'est peut-être ennuyeux, mais c'est sympa.

"Très bien", dit Matilda en regardant affectueusement sa septième chemise alors qu'elle finissait de la couper et de la plier, donnant de petites tapes de satisfaction à chaque pli, "quand vous avez quelque chose dont vous voulez en finir. J'aurais dû prendre deux fois plus de temps pour faire mes affaires si nous étions restés à Underhayes.

"Mais nous devons y aller", a déclaré Nancy, continuant. « Nous aurions pu rester s'ils n'avaient pas fait attention, si nous nous étions tenus enfermés et ne les avions pas vus ; mais on ne peut rien y faire maintenant. J'irai au Hall, juste pour tout voir. Envie de s'asseoir à table avec eux, d'être comme l'un d'eux ! Cela ressemblera à un rêve. Oh, je dois, je dois y aller juste une fois ! Si jamais Arthur devait revenir... »

«Bien sûr, Arthur reviendra. Si vous leur dites qui vous êtes, comme vous l'avez dit, Arthur viendra en premier dans le train ; et penses-tu qu'aujourd'hui les gens puissent se cacher comme ils le faisaient dans les livres d'histoires, Nancy ? Vous pouvez vous enfuir autant que vous le souhaitez, ils vous rattraperont. Ils lanceront les détectives après vous. Ceux qui ont bien plus de raisons de se cacher que vous sont découverts, et pensez-vous pouvoir rester en sécurité ? Absurdité! Dites-le-leur une fois, et on vous récupèrera bientôt.

"Jamais!" s'écria Nancy. « Contre ma volonté, avec des détectives envoyés après moi ? J'irai d'abord en Nouvelle-Zélande avec vous, ou n'importe où. Jamais! Ce n'est pas la force qui me retiendra jamais.

"Je crois qu'il n'y a rien de stupide que tu ne ferais pas, si on en arrivait là", dit Matilda en secouant la tête. C'était une suggestion peu judicieuse qu'elle avait faite ; mais au bout d'un moment, Nancy se calma, ramassa de nouveau ses feuilles et entreprit de les disposer comme elle en avait l'habitude. Elle avait complètement abandonné le beau dessin à la craie que Mathilde admirait, pour ces conneries. Comme c'était idiot, pensa sa sœur ; mais, en effet, c'était la faute de Madame, qui avait encouragé Nancy dans cette occupation insensée. « A quoi va servir tout cela ? » » demanda-t-elle enfin, avec une touche de sarcasme dans la voix. « Vous ne pouvez pas l'encadrer et l'accrocher au mur pour donner une belle apparence à une pièce. Ce n'est que du bois et il ramasse la poussière.

«Je dessine quelque chose pour que Lady Curtis travaille», dit Nancy avec une certaine solennité. «Quand j'entrerai dans la maison pour la première fois, j'emporterai quelque chose avec moi *pour lui donner* . Je suppose que vous direz que c'est idiot aussi, mais j'aime le faire. *Elle* pense qu'ils sont bons à quelque chose. Elle était très intéressée, vous savez. Vous ai-je dit, Matilda, qu'elle m'a appelé, ma chère ?

« Oh oui, vous me l'avez bien dit, dit Mathilde avec un peu d'impatience, trois fois ; et elle se leva pour ranger la septième chemise avec les autres. Il était garni de son propre travail, de jolis petits festons travaillés au point de boutonnière, avec trois trous dans chaque courbe, très soignés et solides ; et elle était contente, à la fois du sentiment d'une production réussie et d'une propriété personnelle. Elle donna une autre tape affectueuse au petit tas en déposant celui-ci sur le dessus. Sept chemises neuves dont chaque point résisterait à l'inspection ! Matilda sentait qu'elle avait raison d'être un peu fière. Elle ne se rassit pas pour en commencer une autre, mais alluma la bouilloire, afin qu'elle atteigne le point d'ébullition parfaite avant de préparer le thé ; et il était agréable de la voir se déplacer dans l'agréable lumière du feu, sa personne substantielle et ronde, mais soignée, vêtue d'une robe noire et blanche, ses cheveux bruns lisses et brillants. Mathilde était très pointilleuse sur la quantité de crêpe qu'elle devait mettre sur sa robe du dimanche, et vous pouvez être sûr qu'elle ne retarderait pas son deuil d'un jour plus tôt que ne le permettait la règle la plus rigide. Mais dans la maison, avec toutes ses petites occupations domestiques, elle pensait que le noir et blanc était le meilleur. "Car le crêpe disparaît si vous le regardez, et le noir rouille si vite", a-t-elle déclaré. Il semblait plus naturel, plus gai et plus agréable, que le feu ait quelque chose à éclairer et à jeter des teintes rouges ; et c'était confortable de la voir préparer le thé. Quel Néo-Zélandais chanceux serait cet homme qui aurait Matilda, avec toutes ses chemises joliment taillées, pour femme !

Mais avec Nancy, pauvre Nancy ! c'était une tout autre affaire. C'est une chose téméraire que de sortir du monde dans lequel vous êtes né. Elle l'avait fait involontairement, jurant avec véhémence que rien ne la changerait. Et comme elle avait lutté contre toutes les tentatives du pauvre Arthur ! comme elle s'était accrochée, pour ainsi dire, avec des mains désespérées au tissu de sa maison d'origine ! Ces mêmes corrections qu'elle apportait dans la diction honnête de Mathilde, ne les avait-elle pas vivement ressenties, ne les avait-elle pas farouchement refusées quand Arthur avait essayé de se les suggérer ? Mais tout cela a changé. Nancy s'était éloignée de son propre monde pour entrer dans le sien ; si elle s'accrochait à quelque chose maintenant, ce n'était pas à son ancienne arche, mais aux rochers et aux sables glissants de l'autre hémisphère sur lesquels elle avait été jetée à terre. Tombant dessus dès son premier pas, elle avait secrètement embrassé le sol comme l'ont fait les envahisseurs conquérants pour conjurer le mauvais présage. Elle n'appartenait plus à ce vieil univers enseveli avec le père et la mère, dont les dernières traces devaient être emportées dans les malles de Mathilde avec sa toilette soignée ; mais l'autre monde n'avait pas encore reçu le tremblant néophyte inavoué. Même maintenant, plutôt que d'y être entraînée par une force formelle, par le sens du devoir, par la nécessité imposée à son mari et à sa famille, ou par leur pitié, ou par tout ce qui pourrait être interprété comme l'un ou l'autre, Nancy l'aurait gardée. mot sauvage, et s'enfuit dans les contrées lointaines avec sa sœur. S'il y avait eu un mot, ou une pensée, d'« arrangement », de négociation, même de droit de l'autre côté de la revendiquer, ou de droit de son côté à une certaine place en tant qu'épouse d'Arthur, aucune demande, aucune persuasion n'aurait induit Nancy d'accepter ce qui était ainsi réglé pour elle. Elle ne savait même pas ce qu'elle accepterait comme solution à la difficulté - même Arthur, s'il se levait avant de lui tendre les bras, pourrait, par un regard fortuit, par quelque mot par inadvertance, la détourner de lui au lieu de l'amener à lui. . Son esprit était toujours très fantastique, bien qu'il ait changé à bien d'autres égards. Mais tout ce qui s'était passé depuis son arrivée à Oakley faisait écho à son humour. Les progrès qu'elle avait faits dans la connaissance du milieu de son mari et dans la faveur de sa famille avaient été de nature à lui plaire et à la flatter. Les Curtis ne voyaient aucune raison de modifier leurs critiques à son égard ou de feindre d'éprouver une sympathie qu'ils n'éprouvaient pas ; mais ils s'étaient tous « pris » à Nancy ; et Lady Curtis l'avait appelée « ma chère ! » Avec quelle hauteur elle aurait rejeté cette expression de bonté si elle avait été appliquée autrefois à la femme d'Arthur ; mais comme donné au jeune étranger d'Oakley, dont l'apparence et les manières avaient attiré My Lady, c'était doux. Oui! elle les avait attirés, elle-même, rien d'extérieur à elle. Lucy... Lucy, en effet, avait fait une réponse douteuse ; mais Sir John avait « fait l'éloge d'elle », et Lady Curtis l'appelait ma chère ! Ces pensées faisaient briller le visage de Nancy.

Et les trois jours qui suivirent s'écoulèrent rapidement dans l'excitation qui la possédait ; tout le monde semblait savoir qu'elle se rendrait au Hall samedi. La femme du Docteur, qui s'était tenue à l'écart « jusqu'à ce qu'elle voie ce que les autres allaient faire », appela à la porte du phaéton de son mari et laissa une carte majestueuse qui parut à Mathilde, quand on la lui apporta, bien plus. impressionnant que celui de Lady Curtis. Et la gentille Mme Rolt venait chez nous au moins deux fois par jour et lui demandait ce qu'elle allait porter. "S'il pleut, Sam vous y conduira avant de se rendre à Oakenden", dit-elle. Elle était aussi pointilleuse à ce sujet que si Lady Curtis avait été la reine ; et en effet, elle était la reine du district et faisait les lois du quartier.

"Tout le monde viendra vous voir maintenant", a déclaré la cousine Julia. «Quand Lady Curtis appelle quelqu'un, tout le monde y va. Oui, c'est peut-être idiot ; mais ensuite nous pensons beaucoup à Lady Curtis, ma chère. Elle est très aimable et tellement intelligente. Avez-vous déjà entendu dire qu'elle écrit parfois pour les Reviews ? Elle le fait effectivement ; et il faut avoir un vrai génie, vous savez, pour faire ça ; pas comme des petits bouts de journaux. Et les gens doivent avoir une sorte de règle : certains n'appelleront pas à moins d'avoir une introduction, et certains appelleront tout le monde. Mais nous faisons de Lady Curtis notre règle. Si elle y va, nous y allons tous.

"Vous n'avez pas attendu l'arrivée de Lady Curtis", dit Nancy avec reconnaissance.

"Oh non! Je ne pense pas que j'aurais pu le faire. Je suis tombé amoureux de toi la première fois que je t'ai vu ma chérie. J'en ai parlé directement à Lucy. *Tellement* jolie, dis-je (comme vous l'êtes, même si les gens ne vous le disent généralement pas en face comme moi), et une vraie dame. « Alors, bien sûr, vous devriez appeler. Je m'étonne que vous n'ayez pas appelé immédiatement, dit Lucy ; et je n'ai pas perdu beaucoup de temps, n'est-ce pas, Mme Arthur ? Et puis, bien sûr, je mourais d'envie de savoir qui tu étais.

« Vous êtes très... très gentil ; mais comment peux-tu savoir qui je suis ? Je ne suis personne », a déclaré Nancy avec un sourire ; puis elle ajouta impulsivement, "mais je suis si heureuse que vous me considériez comme une dame." Lorsque ces mots imprudents furent sortis de sa bouche, Nancy changea de couleur et devint provocante. Mais son horreur de sa propre erreur était entièrement dissipée par le caractère doux de la cousine Julia, qui était bien fait pour servir de bouclier contre la colère.

"Comme s'il pouvait y avoir le moindre doute là-dessus !" dit-elle, « Lady Curtis dit que vous avez de si jolies manières, et Sir John ! Sir John n'est vraiment pas lui-même. Il pensait que vous deviez être la femme du jeune Seymour, dont je vous parlais, qui a fait un mariage si admirable. Il épousa un membre de la famille Glencoe, un parent assez proche du comte, un mariage absolument délicieux. Comme nous avons tous pensé au pauvre Arthur lorsque le jeune Seymour s'est marié ! Mais j'ai dit à Sir John (maintenant, il ne faut pas être vaniteux, ma chère, mais bien sûr il faut dire ce qu'on pense) j'ai dit à Sir John que vous étiez beaucoup plus jolie que Mme Henry Seymour ; pas si grande peut-être, mais *beaucoup* plus jolie. Qu'y a-t-il, ma chérie, tu deviens blanche et tu deviens rouge ?

Ici, Nancy a confondu sa sœur, qui était présente, et s'est elle-même déconcertée, et a gagné les plus tendres sympathies de Mme Rolt en disant la plus simple vérité. « Quand vous parlez d'Arthur, dit-elle, vous me faites penser à mon mari ; et... je n'y peux rien ! dit-elle en posant sa tête sur l'aimable épaule de la cousine Julia et en fondant en larmes. Comme cette bonne femme était touchée, intéressée et satisfaite ! Elle a insisté pour emmener Nancy à l'étage et la faire s'allonger un peu. « Pauvre cher enfant ! dit-elle, désireuse de poser mille questions, mais héroïquement s'abstenant ; mais il faut que tu te reposes un peu et que tu retrouves ta jolie mine. Il ne faudra pas paraître pâle demain. Je veux que tu sois à ton meilleur demain. Mais lorsqu'elle redescendit , il n'était pas dans la nature humaine de ne pas faire d'efforts pour obtenir quelque chose de Matilda. « Elle ne m'a jamais rien dit à propos de son mari auparavant », a déclaré Mme Rolt. — Cela lui ferait du bien de parler un peu, de ne pas tout enfermer dans son cœur, la pauvre chérie. Cela fait longtemps ? » demanda-t-elle délicatement. Elle ne savait pas de quoi il s'agissait, si c'était la mort ou la séparation. La question devait être posée vaguement, et la cousine Julia avait conscience qu'elle l'avait posée avec beaucoup de succès.

« Elle vous le dira elle-même », dit Mathilde. "Elle n'aime pas que les autres en parlent", et elle ouvrit la porte avec beaucoup d'empressement pour que le visiteur puisse s'en aller.

CHAPITRE XIV.

A RTHUR se rendit de nouveau dans les appartements de Durant le lendemain matin, avec le désespéré espoir que quelque chose aurait pu ramener son ami, sans lequel, lui semblait-il, il ne savait quelles mesures prendre. Durant avait détenu les clés de sa fortune d'une manière ou d'une autre et pouvait le guider sur la bonne chose à faire, la bonne manière de tout entreprendre. Il n'avait jamais douté que Durant serait en ville et qu'il l'aiderait, et la première sensation dans son esprit fut une irritation mêlée de déception. Bien sûr, la seule chose à faire, à défaut de Durant, était d'aller à Underhayes, où il savait que son ami était déjà allé sans succès. Mais qu'y avait-il d'autre à faire, quel autre élément d'écoute y avait-il ? A la grande gare, où il prit le train pour Underhayes, il eut le malheur de retrouver Denham, qu'il avait vu peu de temps auparavant à Vienne. Arthur grinça des dents à la vue de ce papillon voletant de nouveau sur son chemin, sans doute pour déranger son esprit avec quelque bourdonnement stupide ou autre, et fit de son mieux pour l'éviter ; mais ce n'était pas un homme à éviter. Il s'avança avec toute sa chaleur habituelle d'amitié et de surprise pour voir l'autre en Angleterre.

"Toi ici, Curtis!" il a dit.

« Vous dites toujours : « Toi ici », chaque fois que nous nous rencontrons, dit Arthur moitié agacé, moitié amusé, se rappelant si bien le salut que cet homme lui avait fait à Paris, au Bois. Denham était le premier de son monde que Nancy avait rencontré, et combien de petites erreurs et de désaccords, de querelles qui semblaient si ridiculement sans cause à cette distance, qui auraient pu être si facilement évitées, et pourtant qui soulevaient alors des battements si rapides chez leur jeune insensé. des seins — s'étaient levés alors qu'ils le rencontraient, allaient au théâtre avec lui ou résistaient à ses invitations ; car après tout, il avait toujours été amical et avait essayé de plaire à la mariée, même si elle avait du mal à plaire.

« Oui, vous arrivez toujours à l'improviste, juste au moment où l'on vous croit à cent milles d'ici. L'autre jour, vous étiez à Vienne et vous n'avez rien dit concernant votre venue ici.

"Et vous étiez l'autre jour à Vienne et vous n'avez rien dit concernant votre venue ici."

« Bien entendu, nous sommes tous deux serviteurs de la reine », dit Denham ; « Et les affaires publiques, hein ? consomme une grande partie de notre temps. Mais tu sais, Curtis, je voulais te voir. J'espère que je ne vous ai pas induit en erreur ? Je vous ai dit que je pensais avoir rencontré Mme Curtis de l'autre côté de l'eau.

"Oui;" Le ton d'Arthur était sec et aigu ; il n'avait pas l'intention d'entendre quoi que ce soit sur Nancy, comme si c'était une nouvelle pour lui, et pourtant il en savait si peu et aurait été si reconnaissant d'avoir des nouvelles de n'importe qui ! Sa voix était dure et péremptoire dans son agitation.

"Je ne veux pas vous offenser", a déclaré Denham avec un soupçon d'humilité moqueuse; « mais je trouve que j'ai fait une erreur. C'est à l'une des gares de cette ligne que j'ai rencontré Mme Curtis, c'était ma gaffe. J'ai oublié jusqu'à mon arrivée ici aujourd'hui, quand soudain, j'ai soudain compris que c'était ici ou quelque part à proximité. J'espère que je ne vous ai pas causé d'inquiétude.

"Pas du tout", dit Arthur avec un visage vide, que son expérience diplomatique lui avait appris à porter quand il le souhaitait ; mais Denham était un frère du métier, et cela ne valait guère la peine de gaspiller son argent pour lui. « La famille de ma… femme vivait à proximité. Il est tout naturel que vous l'ayez rencontrée par ici. Je pensais que c'était une erreur, vous vous en souviendrez peut-être.

« Ah, c'est vrai ? Je ne m'en souvenais pas. Je pensais que je vous avais peut-être donné des informations trompeuses. J'espère que vous avez de bons rapports ?

Il ne savait pas quoi dire. Il était un bavardage et aurait donné beaucoup pour entendre tous les détails de cette séparation, surtout maintenant qu'il se trouvait à la limite d'une demi-douzaine de maisons de campagne ; mais en même temps il ne voulait pas inquiéter l'homme qu'il regrettait, en trahissant sa connaissance partielle des faits. Il avait beaucoup fait parler de Nancy à Paris, trahissant ses particularités, son ignorance devant de nombreux auditeurs admiratifs, et il aurait aimé un deuxième chapitre, qui aurait sans doute amusé encore davantage le monde. Mais il ne voulait pas offenser Arthur ni blesser ses sentiments. Que pouvait-il dire ? devait-il faire croire qu'il n'avait jamais rien entendu ? ou délicatement qu'il y avait quelque chose, un brouillard de rapport, qu'il savait ?

"Parfaitement", dit Arthur avec une froide retenue. «Je vais vers elle maintenant. Sa mère, à laquelle elle était très attachée, est décédée récemment.

"Oh vraiment!" dit Denham ; et il observait le visage du jeune homme avec une attention particulière. Heureusement, lui-même ne prenait pas le train qui se rendait à Underhayes. Il accompagna Arthur jusqu'à la porte de sa voiture et resta là à discuter. « Mes *hommages* à Mme Curtis, dit-il, j'ose dire qu'elle m'a oublié ; mais pose-moi quand même à ses pieds, Curtis. On n'oublie pas facilement un visage comme le sien ; ça ne te dérange pas que j'en dise autant ?

"Oh non, sûrement pas;" dit Arthur en souriant. Il se plaça dans un coin du train, heureux d'échapper au regard des autres. Non, il n'y avait pas beaucoup de visages comme le sien. Puis, tout à coup, son aspect alors qu'elle était assise dans la petite Victoria au Bois, par cette froide et lumineuse journée d'hiver, apparut devant lui, il ne pouvait dire comment ; comme elle avait l'air brillante ! il n'est pas étonnant que Denham ait dit qu'on n'oubliait pas facilement un tel visage. Son mari essayait de l'oublier depuis deux ans, et maintenant, au moment où il avait suspendu cet effort, comme il revenait ! Et où était-elle, où allait-il la trouver ? Comme le train semblait aller lentement ! Pourrait-elle être visible peut-être quelque part sur l'un des quais bondés qu'ils passèrent, là où Denham l'avait aperçue ? Il regardait anxieusement chaque fois qu'ils s'arrêtaient. Pourquoi ça devrait être Denham, Denham ! qui ne se souciait pas d'elle, qui l'avait vue, et non d'Arthur, pour qui une telle rencontre aurait été une nouvelle vie ? C'était ce qu'on appelait providentiel ; mais quelles étranges erreurs – des erreurs que le plus pauvre employé d'un bureau serait renvoyé s'il commettait – étaient imputées à la Providence. S'il *l'* avait rencontrée, et non Denham, quels ennuis auraient pu lui être épargnés !

Il était vers midi lorsqu'il atteignit Underhayes ; et il se rendit directement, se souvenant de ce que Durant avait écrit, à la boutique de Raisins, l'épicier. Sarah Jane époussetait son salon, lorsque sa femme de chambre lui apporta qu'un gentleman voulait la voir. C'était son plaisir, et non la nécessité (elle aimait qu'on le sache), qui la faisait épousseter elle-même le salon. Les domestiques étaient négligents, ils ébréchaient les ornements de porcelaine et n'étaient pas assez attentifs à la dorure ; mais Sarah Jane avait presque terminé cette tâche qu'elle s'était imposée. Elle déposa dans un coin la longue brosse à plumes qu'elle utilisait et ôta ses gants de servante.

« Faites entrer monsieur, » dit-elle avec quelque grandeur ; mais quand elle a vu de qui il s'agissait, Sarah Jane a crié de surprise et d'excitation. « Arthur ! » elle a pleuré. Elle fut presque aussi surprise que s'il était revenu d'entre les morts.

"Où est Nancy?" il a dit. Il était maintenant dans un tel état d'excitation qu'il oublia tous les préliminaires et se plongea aussitôt dans le sujet qui l'intéressait.

« Nancy ? Oh, Arthur, attends un peu, je suis tellement surpris. Tu as fait bondir mon cœur ! Qui a pensé à te voir ici ?

« Ce n'est pas si merveilleux de me voir quand on pense que ma femme est ici depuis des années. Où est-elle? Tu étais gentille et sympathique, Sarah Jane. Dis-moi où est ma femme ! Où se trouve Nancy ? Il n'y a aucune raison pour que je ne le sache pas.

"Oh, c'est tellement agréable de te revoir", a déclaré Sarah Jane. « Cela fait tellement longtemps que tu es absent, deux ans et demi. Il y a longtemps. Oh, comme j'aurais aimé que Nancy soit là ! J'ai fait tout ce que j'ai pu pour qu'elle t'écrive quand ma pauvre mère est morte. Mais elle a toujours été si volontaire, vous savez.

"Où est-elle ?" dit Arthur. Il s'approcha de Sarah Jane et lui saisit le bras. Il commençait à perdre le peu de contrôle qu'il avait sur lui-même, et ses yeux étaient éteints par la chaleur de son excitation. Il est impossible de croire qu'il lui ait réellement fait du mal, mais cela lui plaisait de supposer qu'il l'avait fait, ce qui revenait à peu près au même.

"Oh, espèce de monstre !" s'écria Sarah Jane. « Oh, espèce de sauvage ! Si c'est ainsi que vous avez utilisé la pauvre Nancy, je ne m'étonne pas qu'elle n'y prête pas attention. Lâchez prise, ou j'appelle mon mari. Oh, mon bras ! Je suis sûr qu'il est noir et bleu.

« Pardonnez-moi, pardonnez-moi ! » dit le pauvre Arthur. « Je ne voulais pas te faire de mal, Dieu le sait ; mais je suis presque hors de moi. Ma gentille fille, dis-moi où elle est. J'ai voyagé nuit et jour. Si je suis impatient, vous devez me pardonner. Dis-moi, où est ma femme ?

«Oh, Arthur, je suis vraiment désolé. Je n'aurais jamais pensé que tu accepterais ça. Nancy pourrait être très fière si elle te voyait comme ça. Je n'aurais jamais pensé qu'un homme s'en soucierait autant, ils prennent les choses si facilement. Les raisins secs ne le feraient jamais. Si je devais le quitter, je suis sûr qu'il me le permettrait. Oh, n'aie pas peur, je ne suis pas assez stupide pour essayer.

Arthur dut faire un violent effort pour se retenir ; mais il était clair qu'il fallait la traiter de manière plus rusée.

« Veux-tu me répondre à une question simple ? Savez-vous où est Nancy ? il a dit; puis avec une politique plus vraie : « J'apprendrai tout sur Raisins et sur vous-même après, et vous devrez me dire ce que vous aimeriez comme cadeau de mariage.

« Oh, Arthur, comme tu es gentil ! J'ai toujours dit que tu étais gentil. Oh, tout ce que *vous* aimez, j'en suis sûr ! Vous seriez sûr de choisir quelque chose de délicieux ; et nous sommes frère et sœur, n'est-ce pas, Arthur ? Je dois vous donner un baiser pour vous remercier », a déclaré Sarah Jane.

Il n'y avait aucun mal à ce baiser, et Arthur l'accepta docilement. Quand ce fut fini, il s'éloigna un peu, mais lui prit la main et la tint fermement.

« Tout ça après », dit-il. « Soyez sûr que je ferai tout ce que je peux pour vous plaire. Mais dis-moi d'abord, dis-moi maintenant, sais-tu où elle est ? Je dois d'abord entendre ça. Vous ne pouvez pas me le dire sans le savoir.

"C'est exactement ça", a déclaré Sarah Jane. «Bien sûr, j'aurais dû vous le dire directement. Ils ont promis d'écrire, mais ils n'ont écrit qu'une seule fois.

« Que veulent- *ils* dire ? Qui était avec elle et d'où venait la lettre ?

"Ne me tiens pas si vite, tu me fais peur", s'écria Sarah Jane. «C'était Mathilde qui était avec elle. Charley est parti en Nouvelle-Zélande et Matilda le poursuit ; et Raisins et moi, nous ne savons pas si nous ne pourrons pas suivre. Ne m'écrase pas la main comme ça, Arthur, tu m'as blessé. Il n'y avait aucune date dans la lettre. Non, je ne peux pas dire que je m'attendais à entendre à nouveau tout de suite ; cinq semaines, ce n'est pas si long.

« Et tu ne voulais pas écrire ? Vous auriez peut-être souhaité revoir votre sœur.

« Dans cinq semaines, et je suis marié ? » » dit naïvement Sarah Jane, « Oh, non ; Je savais qu'ils écriraient quand ils me voudraient, et pourquoi devrais-je les vouloir ? Lorsque vous êtes en difficulté, il est naturel que vous pensiez à vos amis ; mais quand vous vous portez très bien et que vous êtes tout à fait heureux, que leur voulez-vous ? Mais, Arthur, pour te montrer que je dis vrai, je vais te chercher la lettre, si tu me laisses partir ; et puis si vous pouvez en tirer quelque chose, laissez-moi partir, Arthur. Je promets que je t'apporterai la lettre. Oh, s'il te plaît, je ne peux pas t'en dire plus. Laissez-moi partir !

Quand il le fit, ce qu'il avait à moitié peur de faire, elle tint parole et sortit d'un petit bureau gai, bordé de rouge, un billet froissé, avec des marques de doigts graisseux dessus, dont la vue donna à Arthur , le pauvre garçon, une sensation nauséabonde. Les petits sentiments se mêlent si bien aux grands que la pensée qu'un morceau aussi graisseux soit une relique de sa femme lui causa un pincement aussi net que s'il lui était arrivé une grande déception. Un amant, tel qu'il se sentait encore, aurait dû être prêt à porter à ses lèvres ou à son cœur le moindre message venant de l'aimé ; mais cela lui donnait un sentiment de dégoût. Et pourtant combien il aimait Nancy, et combien son cœur se débattait et battait à l'idée de retrouver une trace d'elle. Ce fut à la fois un soulagement et une terrible déception de constater que la lettre graisseuse ne venait pas du tout de Nancy, mais de Mathilde, car ce sont les doigts de M. Raisins et la poche de sa fiancée qui ont fait des taches sur le papier. Dans la lettre, l'autographe de Nancy aurait pu être exactement dans le même état, non protégé par la divinité qui devrait protéger une femme bien-aimée.

«Je ne sais pas où elle compte s'installer, ni ce que nous allons faire», écrit Matilda. « Elle est toujours la même créature hautaine. Elle parle d'une maison dont elle a entendu parler quelque part à la campagne. Je ne peux pas vous en dire plus ; mais j'écrirai encore ; et en attendant, vous serez heureux d'apprendre que j'ai un très joli calicot et que j'ai commencé ma tenue.

C'était tout.

"Elle *est* tellement préoccupée par sa tenue", a déclaré Sarah Jane. « On pourrait penser que personne n'a jamais eu une telle chose auparavant. Mais la pauvre Matilda a toujours eu des manières de vieille fille. Seigneur, Arthur ! quel est le problème? Avez-vous découvert quelque chose ? Quel tour tu m'as donné, bien sûr ! s'écria Sarah Jane.

C'est quelque chose qui a également donné un « tour » à Arthur, dans la mesure où cet effet peut être produit sur un sujet masculin. C'était simplement le cachet de la poste « Oakenden » sur l'enveloppe de la lettre. Il ne l'avait pas vu auparavant, ni cherché, étant trop anxieux pour les informations qu'il contenait. Cela le surprenait au-delà de toute mesure maintenant. "Oakenden!" se répétait-il comme dans un rêve. Quelque chose de plus que le hasard, quelque dessein qu'il ne parvenait pas à comprendre, quelque vague tremblement de sens pas encore compréhensible, mais tendant vers la lumière, semblait passer à travers le mot. C'était la ville postale de *chez moi* . Il le connaissait aussi bien qu'il connaissait le village aux portes du parc de son père. Qu'est-ce qui l'avait amenée là-bas, entre tous les endroits du monde ?

« Merci », dit-il en parlant, ressentit-il, sorti d'un brouillard d'émerveillement vague et d'espoir naissant qui semblait l'envelopper dans une atmosphère qui lui était propre. "Merci; Je pense que cela sera d'une certaine utilité. Je connais l'endroit. Au revoir. Je dois aller directement voir s'ils sont là.

"Arrêtez-vous un instant", dit Sarah Jane. «Arrêtez-vous et dînez avec nous. Raisins aimerait te voir, et... où est l'endroit, Arthur ? J'aimerais aussi le savoir, car on ne sait jamais ce qui peut arriver et ce sont deux femmes seules sans personne pour s'occuper d'elles. C'est tellement différent quand il y a un homme.

"Je vous ferai savoir quand je les aurai trouvés", dit Arthur. "Au revoir, je ne peux pas attendre plus longtemps maintenant."

« Mais, Arthur, arrête-toi et dîne ! Écoute, dit Sarah Jane en se plaçant entre lui et la porte, tu as l'intention de la reprendre ? C'est ce que tu veux dire ?

« La reprendre ? dit-il avec un demi-gémissement. «Est-ce moi qui l'ai renvoyée?»

« Car regardez ici, » dit Sarah Jane, « je ne dis pas que vous n'avez pas le droit d'être en colère. Les raisins secs ne supporteraient pas de moi la moitié, non, ni le dixième de ce que vous attendiez de Nancy. Mais elle n'est plus la même maintenant. Elle est si fière qu'elle ne vous laissera jamais le voir si elle peut l'empêcher ; mais elle a beaucoup changé. Elle ne peut plus vivre avec ses propres parents maintenant. Elle et moi ne sommes plus aussi amis que nous l'étions à cause de cela ; mais je suppose que cela vous plaira. Elle est emmenée étudier et ainsi de suite, et elle ne trouve pas de compagnie assez bonne à ses propres parents. Elle sera tout pour nous, je ne devrais pas m'en étonner, dès qu'elle te verra ; mais ne la crois pas, Arthur. C'était tout ce qu'elle pouvait faire pour garder l'un de nous aussi longtemps que la pauvre mère vivrait. Elle est aussi changée que possible. C'est une dame, c'est ce qu'elle est aujourd'hui », a déclaré Sarah Jane.

Arthur n'entendit que partiellement ce long discours ; il n'avait aucune patience avec ça. Il surveillait la porte et saisit l'occasion, lorsque Sarah Jane eut terminé sa péroraison, de s'éloigner en toute hâte en lui faisant signe de la main.

"Eh bien, j'en suis sûr!" dit-elle alors qu'il descendait les escaliers en courant ; et M. Raisins fit beaucoup de plaisanteries au dîner sur la folie de l'homme qui laissait une tranche de « *ce* bœuf » pour courir après une femme rebelle.

« Elle devrait rester là où elle était si je l'avais en main », dit l'épicier, non sans penser que l'exemple était dangereux pour Sarah Jane. "Vous ne me verriez pas laisser mon dîner pour elle, une femme comme m'avait abandonné." Il ne voulait pas dire que sa femme devait se faire des illusions à ce sujet. Quelle que soit la « houle », les épiciers n'étaient pas si idiots.

Arthur se précipita directement vers la voie ferrée sans perdre un instant. Il ne fit pas de pèlerinage chez les Bates, comme Durant l'avait fait ; il frôla le vieux canapé en cilice qui se trouvait exposé à la pluie et à l'humidité devant la porte du courtier, et n'avait pas conscience de son existence. Il y avait un train sur le point de démarrer, c'était tout ce qu'il savait. De retour à Londres, il se dirigea sans perdre un instant vers l'autre chemin de fer et partit le plus tôt possible pour Oakenden. Il y arriva en fin d'après-midi, sans rien, pas même un sac, et ne se souvenait de rien, hormis le fait que Nancy était là. Mais que pourrait-il faire une fois arrivé là-bas ? Il ne savait pas comment trouver une telle aiguille dans cette bouteille de foin. La ville n'était pas grande, mais elle était animée et animée. Il y avait de nouvelles rues même depuis qu'Arthur avait quitté la maison ; et quel labeur devait-il endurer avant de pouvoir retrouver les deux, qui auraient pu se voiler dans l'une des cinq cents nouvelles petites maisons en brique ? Il fit une promenade rapide dans les rues nouvelles, au crépuscule du soir, en regardant toutes les fenêtres des salons. Il était peu probable que la fortune réponde à son appel en amenant Nancy à veiller au moment même de son passage. Une telle chose pouvait arriver à Denham, qui n'avait rien à voir avec cela, mais pas à lui, pour qui c'était tout. S'il avait cherché un criminel, il y aurait peut-être eu de l'espoir pour lui, ou s'il avait été dans l'un de ces pays bénis où tout le monde a *ses papiers* . Pourquoi tout le monde n'a-t-il pas *ses papiers* en Angleterre ? Arthur était prêt, dans le feu de ses sentiments, à renoncer à son droit d'aînesse si cela pouvait l'aider à retrouver sa femme.

Enfin, il se souvint du bureau de poste, et baissant son chapeau sur ses sourcils et le col de son manteau sur son menton, il s'y rendit pour voir s'il pouvait trouver un indice. Curtis? Oh, oui, il y avait les Curtises d'Oakley, Sir John et madame, les personnes les plus connues du comté ; et le révérend Hubert au presbytère, et la vieille Miss Curtis à Oakley Dene. Dans la ville? Eh bien, oui, il y avait une certaine Mme Curtis à Acorn Terrace, n° 12 ; je n'étais pas là depuis longtemps; je n'ai pas reçu beaucoup de lettres. "Oui, c'est probablement la dame", dit Arthur, son cœur battant fort. Il se dirigea sans hésiter vers la petite terrasse neuve en brique. Il lui semble qu'il ne peut plus y avoir de doute à ce sujet. Il savait que Nancy ne prendrait pas un faux nom. Comme elle devait être inconsciente de celui qui venait la voir pendant la nuit – car il faisait tout à fait sombre maintenant, les lampes allumées, les fenêtres du salon brillaient. Il y avait une vive lumière de feu dans la fenêtre du n° 12, Acorn Terrace, et le son d'un piano et quelqu'un chantait. Serait-ce *elle* ? Il frappa, son cœur battant plus fort que n'importe quel heurtoir, et fut admis avec une confiance innocente. Oui, Mme Curtis était à la maison ; et la servante avait préparé la lampe, qu'elle portait devant lui, en annonçant simplement : « Un gentleman, s'il vous plaît, madame. Les habitants distinguèrent Arthur avant qu'il ne les fasse sortir, et une douce vieille dame coiffée d'un bonnet de veuve se leva d'une chaise près du feu. Que pouvait faire Arthur à part balbutier des excuses, la voix même étranglée par la déception. «Je vous demande mille pardons, c'est une erreur», dit-il en sortant précipitamment, laissant les dames du salon à moitié en colère, à moitié intéressées. Quel vide d'impuissance il sentit se refermer sur lui tandis qu'il ressortait dehors, brûlant de honte et frémissant du choc de sa déception. Cela ne servait à rien, c'était évident, et où pouvait-il aller pour en savoir plus ? Pas à la police, comme si sa femme innocente avait été la coupable. Il ne pouvait pas soumettre Nancy à une telle indignité. Il marcha encore une heure ou deux dans les rues, se demandant ce qu'il pouvait faire. Un annuaire ? Son nom n'y figurerait pas. La poste lui avait fait défaut ; et il ne pouvait pas l'appeler par son nom dans les rues comme le faisait la princesse orientale. Nancy ! Nancy ! Il pourrait le faire résonner aux quatre vents, mais qu'est-ce que cela lui apporterait ? L'idée lui vint enfin d'essayer les hôtels, car il se rappelait la date de la lettre de Mathilde ; mais aucune dame portant les noms de Mme Curtis et de Miss Bates n'avait été entendue nulle part. Dans l'un des hôtels (probablement pas du tout), ils le reconnurent, et comme il était alors prosterné d'épuisement et de déception, il décida de rester toute la nuit, télégraphiant à son domestique de l'y retrouver le lendemain. Il devait rentrer chez lui maintenant qu'il était si proche ; non pas ce soir, mais demain, quand il sera plus apte à rencontrer des étrangers. Étrangers! son propre père et sa mère, ses amis familiers, les domestiques qui l'avaient soigné dès son enfance et l'avaient aimé toute sa vie ; mais un esprit préoccupé n'est toujours pas naturel. Ils lui étaient désormais comme des étrangers.

CHAPITRE XV.

Samedi matin! très lumineux mais froid, une pincée de neige au sol, croustillante et légère comme un givre permanent, les arbres tous givrés aussi, avec des bords blancs, comme les lumières dans un paysage enneigé. Nancy dans sa noirceur ressortait doublement distincte sur ce fond blanc, la longue ligne ample de sa robe simple et de son manteau, son visage tout brillant d'animation et de santé, et d'excitation réprimée. Le plaisir et la douleur, le sentiment heureux d'avoir plu, le désir ardent et mélancolique de plaire davantage, se mêlaient au sentiment qu'elle se tenait au bord d'un abîme et que rien ne pouvait excuser cette tromperie, sauf le fait que c'était pour une fois, pour une fois seulement, et que quand ce serait fini, tout serait dit. Elle a embrassé sa sœur en sortant, ce qui était très inhabituel pour elle. "Pensez à moi jusqu'à mon retour", dit-elle. Nancy avait le sentiment qu'il n'y avait pas encore eu de moment désespéré dans sa vie. Elle n'en avait pas peur, et pourtant elle n'était qu'une seule pulsation, qu'une seule pulsation. Elle pouvait à peine parler aux gens qu'elle rencontrait sur la route, mais elle hochait la tête avec un sentiment nostalgique de gentillesse. S'ils pensaient tous avec bienveillance à son égard, cela ne la soutiendrait-il pas dans l'épreuve actuelle, et dans celles qui seraient encore plus difficiles à venir ? Car après qu'elle aurait fait cela, tout serait fini, il n'y aurait plus d'excuse pour rester ici. Elle ne pouvait pas vivre à l'ombre de leur aile et continuer à les tromper. Et elle devait être « friande » d'Oakley. C'était la maison d'Arthur, où tout le monde le connaissait, et y vivre était pour elle une protection, un bouclier contre son imprudence, quoi qu'il arrive. Qu'avait-elle d'autre au monde ? même si Mathilde l'avait quittée, elle aurait pu continuer là, vivant tranquillement ; mais pour cette tromperie qu'elle ne parvenait pas à entretenir, dont elle profiterait cette fois, cette fois seulement, mais pas plus. C'est l'un des rares cas où la personne la plus directement concernée se juge elle-même avec plus de rigueur que les autres. Ni Durant ni Lucy ne lui ont reproché de vivre ici secrètement ; mais ils furent plutôt tous deux touchés par l'idée qu'elle souhaitait ainsi inconnue se recommander humblement à la bonne opinion des parents de son mari ; mais l'esprit plus simple et direct de Nancy sentait que la fausseté tacite de sa position était intenable. Quels que soient les avantages que cela puisse lui apporter, son devoir était de dire la vérité et d'en assumer les conséquences. Elle avait fait beaucoup de mal ; mais elle n'avait jamais menti.

Lady Curtis la vit venir de la fenêtre de la salle du matin et ne put s'empêcher de faire des observations sur la fine silhouette élastique, instinct qu'elle ressentit avec une énergie particulière lorsque la jeune étrangère remontait l'avenue. Qu'est-ce qui la faisait marcher aujourd'hui avec une telle certitude et une telle grâce ? d'habitude, il y avait chez elle un peu de timidité, presque de maladresse, cette maladresse qui est une sorte de grâce à sa manière, l'hésitation de la jeunesse, incertaine de ses propres mouvements. Mais Nancy ne pensait pas à son apparence, ni au fait que quelqu'un la regardait ; mais seulement du grand moment qui approchait. Lady Curtis vint à sa rencontre à la porte de la salle du matin, lui tendant la main.

« C'est la chambre de mon animal de compagnie, ma chère, » dit-elle en souriant ; « Vous devez d'abord venir ici. Asseyez-vous près du feu et dégelez-vous, et alors vous verrez tout. Ce n'est pas du goût actuel, mais je l'aime quand même. Tu ne veux pas enlever ton manteau ? Nous pouvons le mettre ici, ou l'emmener à l'étage avec nous quand nous partons. Il doit faire très froid dehors.

"Pas quand on marche", dit Nancy, et alors qu'elle enlevait son manteau, un petit rouleau de papier devint visible. « Je vous ai apporté les… croquis, dit-elle en rougissant ; "Ils ne valent pas la peine d'être appelés modèles."

« Ils sont bien meilleurs que les modèles. *Je* les appelle des dessins, dit Lady Curtis avec une gentillesse flatteuse en les étalant sur la table. Quelles peines Nancy avait-elles prises sur eux ! et par conséquent ils voulaient la grâce spontanée du premier dessin, dont Lady Curtis avait tant loué. Mais ma dame les applaudit comme s'ils étaient sortis du crayon de Raffaele lui-même, et montra ses équipages et ses œuvres exécutées, ce qui remplit Nancy d'admiration.

« Les miennes ne sont pas aussi bonnes que celles-là, » dit-elle en secouant la tête ; "Je vais les reprendre et essayer de faire mieux." Elle fut déçue et les larmes lui vinrent soudain aux yeux. Mais Lady Curtis emporta soigneusement les dessins, sourit et secoua la tête.

« Ils sont à moi, dit-elle, vous me les avez donnés. Maintenant regardez, voici ma galerie de photos privée, Mme Arthur ; mon fils, que tu croyais avoir rencontré, tu te souviens ? Vous pourrez vous en assurer en regardant son portrait ; et Lucy, tu connais Lucy ? J'ai été très extravagante avec mes enfants, les voici à tous âges. Voici le premier de mon garçon – et voilà le dernier », dit Lady Curtis en désignant une photographie encadrée sur la table. Elle s'étonna que le visiteur ne bouge pas pour le regarder. Nancy tenait la miniature de l'enfant dans ses mains tremblantes. Elle n'aurait pas pu parler ni se lever pour sauver sa vie. Regardez-le, elle qui lui appartenait, à qui il appartenait plus qu'à sa mère, elle n'y parviendrait pas ! Il y avait quelque chose de presque plus qu'elle ne pouvait supporter, même dans le visage de l'enfant.

« Les connaisseurs d'aujourd'hui n'auront rien à dire sur ma jolie chambre », dit Lady Curtis ; mais peut-être êtes-vous de cette façon de penser et aimez-vous les ténèbres et les teintes neutres. Non? J'en suis heureux. C'est ici que j'ai passé presque toute ma vie », dit-elle, retombant dans ce ton tentant de douces réminiscences qui semble nous être naturelles à tous, lorsque nous vieillissons parmi les jeunes, comme l'autre jour nous étions jeunes parmi les jeunes. vieux, et il aimait tirer ce doux bavardage de souvenirs des lèvres des aînés. Nancy en sentit le charme, qui l'apaisait même dans son excitation, et leva les yeux pour écouter avec des yeux qui devenaient de plus en plus grands, comme les yeux attentifs d'un enfant.

«Je l'ai meublé à mon gré, après mon mariage, lorsque je suis arrivé pour la première fois à Oakley;» dit-elle. « Sir John ne se soucie pas de ce genre de choses, il était toujours content alors que j'étais toujours content ; et toutes nos petites discussions que nous avons faites ici ; et puis les enfants, tout ce qu'ils avaient à dire à maman, c'était ici. Quand Arthur était un garçon à l'école, il se précipitait toujours ici dès son arrivée ; et c'est ici qu'ils ont fait tous leurs projets, lui et son ami d'école, Lewis, qui est toujours un ami très cher. Je pense que je peux voir leurs petits visages à la lumière du feu sur eux », a déclaré Lady Curtis. « Mon Arthur ! Ah, s'il avait toujours été aussi ouvert avec moi qu'à l'époque !

Nancy s'étouffait avec ses larmes. C'était tout ce qu'elle pouvait faire pour ne pas crier : c'était ma faute, c'était ma faute ! tout ce qu'elle pouvait pour s'empêcher de ramper jusqu'aux pieds de Lady Curtis, de les embrasser et de pleurer de tout son cœur. Elle restait assise et restait silencieuse, elle ne savait pas comment.

« Mais je ne dois pas parler de cela et me faire pleurer, » dit milady, « ce serait un mauvais divertissement pour vous. Toutes ces choses sont des cadeaux, on me les a apportées une fois ou une autre. Sir John m'a donné mon horloge; c'est un authentique XVIIe siècle, et nous l'avons récupéré par le plus pur hasard. Arthur m'a apporté ce Sèvres lors de son premier voyage à l'étranger. Allons, je vous ai bouleversé avec mon discours absurde. Je vois que tu sais ce que c'est d'avoir des ennuis à propos de ceux qu'on aime.

Ma dame était derrière Nancy en ce moment, et tout à coup elle l'entoura de ses bras et lui fit une petite étreinte. C'était de la gratitude pour son supposé sentiment. Nancy se leva en trébuchant en poussant un grand cri : « Oh, ma dame, ma dame ! si tu savais! si seulement tu savais!"

Lady Curtis la regardait fixement, la joue légèrement rouge. Après tout, elle ne savait rien de cette étrange jeune femme qu'elle avait reçue si témérairement. Et si elle se révélait être… quelque chose qui ne convient pas à la compagnie de bonnes femmes ? Elle la regarda avec une suspicion momentanée.

« S'il y avait une raison sérieuse pour laquelle vous ne deviez pas venir chez moi, je pense que vous ne seriez pas venu », dit-elle avec sens. Nancy ne répondit pas ; ses pensées étaient occupées par une cause d'empêchement tout à fait différente de celle qui se trouvait dans les pensées de Lady Curtis ; mais elle ne recula pas non plus devant ce regard qu'elle ne comprit pas. Elle avait envie de tout raconter, de ne pas aller plus loin, de révéler toute l'histoire maintenant.

« Après aujourd'hui, dit-elle avec ses lèvres tremblantes, j'avais l'intention, si vous m'écoutiez, de tout vous dire sur moi. Mais peut-être, me disais-je, tu ne m'aimerais pas alors – peut-être serais-tu en colère ; et j'ai pensé que je pourrais me donner en premier ce jour-là.

"Pauvre enfant!" » dit Lady Curtis, à moitié souriante. « Il ne peut pas s'agir d'une méchanceté très grande, contre laquelle vous pensez que je serais en colère, et que vous racontez avec un visage si innocent. Chut, chut ! » elle a ajouté : « plus ça, voici Lucy. Tu auras ta journée et tu me le diras après. Devant elle, pas un mot.

Lady Curtis avait-elle *aussi peur de Lucy* ? Elle entra comme toujours, sans doute pas suspecte, mais *comme si elle savait* … savait-elle quelque chose ? et a serré la main de Nancy. « Vous montrez d'abord à Mme Arthur votre propre chambre, maman ; vous lui dites exactement ce que vous attendez d'être dit et vous l'amassez à le féliciter. C'est ce que vous faites toujours ; mais papa souhaite qu'on l'amène à la bibliothèque. Non, le voici qui me poursuit », dit Lucy alors qu'un pas lourd se dirigeait vers la porte. Nancy était debout, tremblante et secouée, les lèvres toujours frémissantes, les larmes ne sortaient pas de ses yeux, lorsque Sir John entra. Il s'approcha d'elle, lui tendant sa grande et douce main de vieil homme.

"Tu n'as pas besoin de me présenter, Lucy. Je connais déjà cette dame. Elle a été très gentille avec moi, comme je vous l'ai dit. Je vous assure que permettre à une jeune dame, et que j'aurais été si heureux de servir, de se donner tant de peine pour moi, était bien contre mon goût. Mais mon excuse est celle à laquelle nous devons tous parvenir, même les plus justes. Quand un homme est vieux… »

«J'étais tellement heureuse», dit Nancy à voix basse, et ses yeux, avec l'humidité à l'intérieur, semblaient si attrayants que le cœur de Sir John en fut touché. Il jeta un regard autour de lui, soulevant ses lourdes paupières pour voir s'il n'y avait rien de visible qui pût expliquer cette émotion. Puis, voyant que sa femme montrait également des signes de sympathie, il conclut que la pauvre jeune veuve (comme il la supposait) avait raconté son histoire à l'oreille compatissante de milady.

« Je crois qu'on va vous faire visiter la maison, » dit-il en offrant son bras, « et vous devez me laisser vous montrer moi-même ma bibliothèque. Je n'ai pas grand-chose, dit Sir John avec ce ton d'humilité moqueuse qui ne trompe jamais les expérimentés, qui vaille la peine d'être examiné ; mais il y a quelques tableaux et quelques vieux débris romains qui, peut-être, ne vous intéressent pas. Vous êtes amateur d'antiquités ? Je sais que tu es gentil avec eux, au moins," dit-il, lui donnant une petite tape paternelle sur la main alors qu'elle la posait timidement sur son bras. Nancy sentit sa tête tourner alors qu'elle traversait la grande salle en s'appuyant sur le bras de Sir John. Il lui a parlé tout le long du chemin, lui soulignant une chose et une autre. « C'est l'un de nos trésors : c'est un morceau de bas-relief trouvé dans un vieux temple près de Rome. Êtes-vous déjà allé aussi loin ? Ah ! alors vous aurez le plaisir de venir. Je pense que c'est bien mieux que d'y aller quand on est trop jeune pour apprécier ce que l'on voit. Oui, c'est ma pièce préférée. Il y a beaucoup de livres que vous voyez — bien plus que ce dont j'utilise aujourd'hui — certains d'entre eux, peut-être, ne sont pas tout à fait destinés aux femmes ; mais il y en a un grand nombre qui, j'ose dire, vous plairaient et où vous serez toujours le bienvenu. C'est l'une des photos dont nous sommes fiers. C'est un Sir Joshua. C'est le portrait de mon grand-père. Ah ! tu commences, tu vois la ressemblance ? Cela *ressemble* beaucoup à mon fils. Ma dame vous a parlé de lui, sans doute ? Oui, Arthur était la prunelle de ses yeux ; et le sera encore — et le sera encore, s'il vous plaît à Dieu.

Nancy n'en entendit pas beaucoup plus. L'étouffement de ces larmes qu'elle n'osait pas verser et de ces mots qu'elle ne prononçait pas était plus qu'elle ne pouvait supporter. "Oh! S'il te plaît, pardonne-moi!" dit-elle en sanglotant à haute voix, "Je n'y peux rien. Non, non, je ne suis pas malade… mais ça me rappelle tellement de choses…

« Ma chère jeune dame », dit Sir John alarmé. « Vous êtes bouleversé. Dois-je vous ramener à Lady Curtis, ou allez-vous vous reposer ici ?

"Oh, seulement pour un instant!" s'écria Nancy. L'épidémie l'avait soulagée. Il la fit asseoir dans son grand fauteuil et resta silencieux pendant quelques minutes, la regardant avec une sérieuse sympathie. Elle n'avait pas peur de Sir John. Il (elle l'avait deviné) ne la découvrirait jamais, même si elle pourrait se trahir. Il n'était pas rapide, comme les aiguilles, comme les dames. Il y avait de la sécurité en lui. Et ce sentiment de sécurité l'a aidée à se conquérir. Elle se leva aussitôt avec un sourire et dit qu'elle allait mieux. Le vieil homme n'était pas pressé : il était content de sa jolie compagne et tout à fait disposé à lui faire plaisir. Après quoi, il l'emmena faire le tour de la bibliothèque, sans lui épargner une seule relique. Cela faisait très longtemps que cela ne l'intéressait plus autant. Elle écoutait tout ce qu'il disait avec le plus joli intérêt, et si elle ne disait pas grand-chose, qu'importe ? «Je suis bien ignorante», dit-elle d'abord, et il l'aimait d'autant plus. Ils se correspondaient parfaitement. Elle ne s'impatientait pas comme ma dame et ne se moquait pas de tout, ce que Lucy avait parfois l'audace de faire ; mais elle écoutait avec le plus grand intérêt, comme si elle ne pouvait jamais trop entendre. La bibliothèque était presque épuisée lorsque la cloche du déjeuner sonna. "Lady Curtis se demandera ce que nous sommes devenus", dit-il en lui donnant de nouveau le bras, "et je suis sûr de vous avoir épuisé."

Pendant ce temps, Lucy et sa mère se souriaient. « Nous n'avons aucune chance, même avec votre père, contre une jolie inconnue, dit Lady Curtis, mais j'espère qu'elle n'est pas fatiguée de toutes ces antiquités, comme vous et moi, Lucy, alors que nous ne devrions pas le faire. être."

"Oh, elle ne le montrera pas", dit Lucy avec une petite pointe de mépris involontaire; mais Lady Curtis n'a pas découvert ce sentiment.

« Oui, c'est une jeune créature sympathique. Elle pleurait presque avec moi à propos d'Arthur, même si elle ne peut rien savoir d'Arthur. Ce n'est peut-être pas ce que les gens durs appellent très sincère, mais c'est très charmant et ça touche au cœur.

"Oh! Je n'ai pas dit qu'elle n'était pas sincère, dit Lucy avec componction ; puis la cloche du déjeuner les réveilla, et ils traversèrent le couloir jusqu'à la salle à manger, suivant Sir John, qui sortait de sa bibliothèque au même moment et ouvrait la marche avec sa politesse courtoise de vieux gentleman, conduisant l'étranger. L'âge est l'époque où la politesse devient la plus exquise, comme cette *cortesia* dont les vieux Italiens font un attribut de Dieu lui-même. Sir John plaça Nancy à table à côté de lui. Elle ne s'était jamais assise à une table si délicatement servie. Les grands valets de pied silencieux la remplissaient presque d'admiration. Elle n'avait jamais rien vu de tel qu'à l'hôtel de Paris, qui après tout n'était qu'un hôtel, servi par des serveurs rapides et bavards, et non par des hommes solennels comme celui-ci. Nancy était de plus en plus impressionnée à chaque instant.

"Maintenant, vous l'avez depuis assez longtemps", dit Lady Curtis. "Il faut qu'elle visite le salon maintenant et toutes les salles d'apparat."

« J'espère que vous avez bien aéré le salon. Je n'ai jamais eu confiance dans cette pièce. Je sais qu'il fait froid, dit Sir John avec un air horrifié. « Revenez dans votre chambre, ma dame, pour prendre le thé. C'est le plus confortable de la maison.

"C'est pour son propre compte, pas pour le nôtre", dit Lady Curtis en emmenant Nancy à son tour. Le salon était une très grande et noble pièce divisée par des piliers, et sa magnificence coupait encore le souffle à Nancy. Ils l'emmenèrent partout pour regarder les tableaux, puis ma Dame plaça l'inconnu sur une grande chaise devant le feu pour se reposer. Jamais personne n'avait été aussi soucieux d'elle, ni effrayé de la fatiguer. Fatiguez-la ! si seulement ma Dame savait ? Nancy, vigoureuse et jeune, aurait pu transporter son chef d'orchestre aussi facilement qu'une enfant ; mais elle ne pouvait pas supporter le fardeau sous lequel elle chancelait, le fardeau de la dissimulation et, comme elle se le représentait, de la tromperie. Cela l'accable d'une incapacité fiévreuse. Elle était heureuse quand ils lui demandaient de se taire. Quelle agitation dans toutes ses veines ! et pourtant elle était heureuse, enveloppée dans un rêve étrange, délicieux, accablant et douloureux. Était-ce sa maison, vraiment sa maison dans laquelle elle reposait ainsi, ou une maison qu'elle quitterait aujourd'hui pour toujours ? Elle n'était pas en mesure de répondre à la question, mais restait assise là, dans l'après-midi d'hiver, tandis que le soleil brillait encore dehors, dans une transe de sensations étranges et mêlées, sorties d'elle-même.

Le salon ne regardait pas vers la façade de la maison. Ses grandes fenêtres ouvraient sur le jardin fleuri de milady, une sorte de paradis féerique, avait pensé Nancy, où l'herbe était très verte et où il y avait encore des fleurs. Les arrivées ou les départs ne dérangeaient pas les habitants de ce lieu élyséen ; mais alors qu'ils étaient assis ensemble, ne parlant pas beaucoup pour le moment, pour le bien de Nancy qui se « reposait », une sorte de vague sonore indescriptible semblait s'élever dans la maison. Quelque chose de roues, quelque chose de pas rapides, puis un petit brouhaha lointain de voix, puis le tintement de plusieurs portes qui s'ouvraient et se fermaient. "Quelqu'un vous appelle, je suppose", dit calmement Lady Curtis, "mais vous ne devez pas bouger, ma chère." Lucy était près de la porte. Ce qu'elle entendait qui éveillait sa curiosité ou lui suggérait l'événement impossible qui s'était réellement produit, il serait impossible de le dire. Son esprit était dans un état de haute tension et d'excitation, ce qui lui confère une sorte de seconde vue et de seconde audition. Elle se glissa derrière le grand paravent qui protégeait la pièce de tout courant d'air et ouvrit doucement la porte. Elle entendit le pas lourd de son père sortir soudain de sa bibliothèque, puis un cri tremblant dans sa voix habituellement placide. Lady Curtis avait commencé à écouter aussi. "Qu'est-ce que c'est que toute cette agitation," dit-elle, "appelle, Lucy, et demande ?" Mais Lucy était hors d'état de l'entendre. Elle s'était précipitée dans le couloir pour voir de ses propres yeux et entendre de ses propres oreilles. « Oui, monsieur, c'est moi ; Je n'ai pas écrit, car je ne savais pas que je pourrais arriver ici aujourd'hui. Où est ma mère?" C'est ce qu'elle a entendu. L'impulsion de Lucy fut de crier elle aussi, de se précipiter dans le couloir et de se jeter sur son frère, et il lui fallut un effort considérable pour se retenir. Son cœur fit un bond sauvage dans sa gorge, puis elle se retourna et revint précipitamment. Que allait-il se passer ? « Lucy… Lucy ! as-tu demandé quel est le problème ? » dit Lady Curtis en se levant avec une agitation naturelle. Elle pensa immédiatement à Arthur, comme il fallait s'y attendre ; mais elle trouva le temps, même dans la vague d'anxiété croissante, de dire un mot gentil à son visiteur. « Peu importe, dit-elle, ne bougez pas, vous n'avez pas besoin de vous déranger, Lucy ! où es-tu ? qu'est-ce que c'est?" dit ma Dame. Et puis elle poussa un demi-cri et se précipita vers la porte, repoussant le paravent qui masquait l'espace devant le feu.

"Oui, maman, me voici", dit Arthur en entrant.

L'un des membres du groupe, au moins, n'avait aucun regard pour lui, aucune pensée pour lui. Lucy ne regardait même pas son frère ; et quand son regard la rencontra debout là, et vit cela, Arthur, avec son bras toujours entourant sa mère, la suivit instinctivement pour voir quel intérêt pouvait garder sa sœur loin de lui. Nancy s'était levée de son siège au son de sa voix. Toutes les nuances de couleur avaient disparu de ses joues, ses yeux semblaient avoir été grands ouverts par une passion d'émerveillement qui était presque une agonie, ses lèvres s'étaient écartées. Elle restait immobile, regardant, mais ne pouvait rien voir.

"Mon Dieu!" s'écria-t-il en mettant sa mère à l'écart.

Sir John l'avait suivi dans la pièce. Ils étaient tous là, tous les plus intéressés, et tous sentaient instinctivement que quelque chose de plus grand et d'étrange s'était produit que le retour d'Arthur à la maison.

"Qu'est-ce que c'est, qu'est-ce que c'est ?" s'écria Lady Curtis d'un ton aigu de douleur.

Son fils ne s'éloigna qu'à un pas d'elle et attrapa dans ses bras leur visiteur inconnu, leur étrange voisine, la jeune femme pour laquelle ils avaient tous été si gentils.

"Non non Non!" ils entendirent tous Nancy pleurer, perçante et pleine de terreur ou d'angoisse, ils ne savaient pas laquelle ; puis elle tomba de ses bras en tas sur le sol.

« Est-ce que je l'ai tuée ? » dit-il en les regardant autour d'eux avec un visage effrayé et pâle, tandis que Sir John et sa mère le regardaient, muets d'étonnement.

« Non, non », s'écria Lucy, qui avait la possession de ses sens ; « Ce n'est pas pire que de s'évanouir. Oh, vous ne voyez pas, vous ne voyez pas ce que c'est, vous tous ? Elle a à peine pu s'empêcher de vous le dire.

« Qu'avait-elle à me dire ? Que veux-tu dire? Qu'est-ce que c'est, qu'est-ce que c'est, Lucy ? Je ne comprends pas."

Arthur avait un bras sous la tête de sa femme.

« Elle va mieux, elle revient », s'écria-t-il en tendant l'autre main d'un seul coup d'œil autour de lui. « Mère, que Dieu te bénisse ! Vous l'avez gardée ici en sécurité pendant que je la cherchais partout », a-t-il déclaré. "Si je ne te devais pas tout avant, je te devrais la vie maintenant."

« Arthur ! Qu'a-t-il à voir avec elle ? Son nom est… Ah ! Lady Curtis termina par un grand cri.

Et Sir John, qui était tout à fait perplexe, s'avança d'un pas et la regarda là où elle était étendue, tenant solennellement ses lunettes dans sa main.

"Je crains qu'elle ne se soit évanouie", a-t-il déclaré. «Je pensais qu'elle n'allait pas très bien. Il vaudrait mieux laisser ta mère et une servante s'en occuper, Arthur. Nous nous intéressons à la jeune femme, mais nous nous intéressons davantage à vous.

Nancy reprit ses esprits pendant qu'il parlait, et se releva luttant et se mit à genoux.

«Je ne me suis pas évanouie», dit-elle d'une voix rauque; « Seule la lumière m'a quitté. Je ne voulais tromper personne. C'est ce que j'ai dit un jour ; Je voulais te voir, toi et la maison d'Arthur. Je ne voulais pas vous tromper. S'il vous plaît, je m'en irai et ne vous dérangerai plus.

"Nancy!" s'écria Arthur, "Nancy!" Il passa son bras autour d'elle, la tenant. Il était agenouillé près d'elle pendant qu'elle était là, et il ne se rendait pas compte de l'attitude suppliante que le hasard lui faisait prendre. « Regardez- moi, dit-il, regardez- *moi* ! Si tu tenais à la maison d'Arthur, ne te souciais-tu pas de *moi* , Nancy ? Tu ne partiras jamais, sauf avec moi.

Nancy se leva précipitamment, s'éloignant de lui. Elle était au tour de son âme capricieuse. Allait-elle s'enfuir à nouveau, s'engouffrer dans le froid et le crépuscule ? Tout dépendait de l'impulsion du moment. Elle jetait un regard fou sur tous ces visages agités. Sir John avait mis ses lunettes pour mieux comprendre la situation extraordinaire qui commençait à lui apparaître maintenant.

« Il me semble, dit-il lentement, si je comprends bien, qu'il ne peut être question ici de s'en aller, pas plus pour cette jeune dame que pour aucun de nous. Est-il possible — je ne veux pas être incivil, mais vous excuserez la question — est-il possible que vous soyez, d'après ce que j'ai compris, la femme de mon fils ?

Nancy a été surprise au moment du doute. Elle-même se tourna et regarda Arthur. Ses yeux s'adoucirent, sa pâleur commença à briller. Il lui prit le bras et elle ne résista pas.

"Oui," dit-elle avec un long et doux soupir. Il était à peine possible de distinguer quel était le mot et quel était le battement de souffle persistant.

« Alors, ma chère, bien que j'aie oublié votre nom, dit le vieux monsieur en s'approchant d'elle, en lui prenant la main dégagée et en l'embrassant très solennellement sur le front, vous êtes le bienvenu dans la maison de son père.

"Et moi?" » dit Lady Curtis avec un petit gémissement. Grammaire et émotion ne font pas toujours bon ménage. « Je n'ai vu qu'à moitié Arthur, et dois-je me tourner d'un seul coup vers la femme d'Arthur ?

« Si tu tiens à moi, maman !... »

« *Prenez soin* de vous ! Entendez-vous comme il blasphème, vous, jeune femme, qui êtes sa femme ? Et il était mon petit garçon, mon enfant avant qu'il ne te voie. Prenez soin de lui ! c'est comme ça qu'il l'appelle, dit la mère en pleurant, mais en souriant aussi, comme l'étaient ses manières. "Quel est ton nom? Nancy ! Oui, je le sais assez bien ; Je ne le demande que par contradiction. Voici mon baiser, Nancy. Je ne savais pas que tu étais ma fille, mais tu me plaisais ; et c'est mieux que de vous embrasser uniquement pour lui. Si vous tenez à lui, comme il l'appelle, vous m'aimerez aussi. Où est Lucy pendant tout ce temps, qui était dans le complot... qui savait... »

«J'ai seulement deviné», dit Lucy en s'avançant à son tour.

Mais Lucy était celle de toutes dont les salutations étaient les moins cordiales. Elle était contente, mais d'une manière ou d'une autre, elle n'aimait pas ça. Elle n'aimait pas entendre ma dame dire « ma fille ». C'était un coup inattendu. Elle fit ses salutations très joliment, mais de manière à ramener les gens excités à la vie commune.

« Et je pense que vous trouverez votre propre chambre plus confortable », dit Sir John ; « et vous êtes sûrement plus en retard que d'habitude cet après-midi, ma dame, pour prendre le thé.

Ce thé, on peut le supposer, n'était pas la boisson tranquillisante qu'il produisait habituellement à ces gens agités ; et ce fut un soulagement pour tout le monde lorsqu'il fut décidé qu'Arthur se rendrait au village avec sa femme pour informer sa sœur de l'événement extraordinaire qui s'était produit et pour prendre des dispositions pour le transfert de Nancy à la salle. Ils sortirent ensemble dans l'avenue sombre, bras dessus bras dessous, heureux de l'obscurité, et sentant qu'elle avait été faite pour eux, comme si c'était le matin et clair, ils auraient senti que cela avait été fait pour eux. . Répéter ce qu'ils avaient à se dire ne nous regarde pas. On ne se retrouve pas après de telles séparations sans avoir dans son bonheur assez de douleur pour les rendre humbles ; et pourtant cette descente jusqu'au village dans une soirée d'hiver valait bien une certaine peine. Sir John se tenait toujours entre les deux amours rococo de la cheminée, sa coupe à la main, lorsqu'ils s'éloignèrent. Il était revenu aux habitudes ordinaires de sa vie, ce qui, après un trouble, est toujours une chose agréable à faire.

« Il me semble, dit-il, que c'était une chose très heureuse que nous ayons accidentellement mis la main sur la femme d'Arthur et que nous ayons découvert qu'elle était une personne si irréprochable, avant de savoir qui elle était ; et c'était joli qu'elle s'appelle Mme Arthur. Je ne l'ai pas compris au début, mais bien sûr, c'était son vrai nom. Et tout bien considéré, je pense que nous pouvons être très reconnaissants à la Providence, ma dame, que les choses se soient si bien passées, » dit Sir John en posant sa tasse et en s'éloignant lentement, comme c'était son habitude. Quand la porte fut fermée, ce qu'il faisait toujours avec tant de soin, milady attrapa Lucy par la taille, qui s'en allait aussi.

« Mon chéri, dit-elle, il faut frapper pendant que le fer est chaud, alors que ton père est si content. Allez-y dès maintenant et écrivez avant que le message ne soit envoyé. Dites à Lewis de venir immédiatement demain ; il ne devrait pas perdre un seul jour.

"Dois-je, maman?" Lucy se rapprocha un peu plus de sa mère, qui ne l'oubliait pas après tout.

« Oui, tout de suite. Je les hais tous!" s'écria Lady Curtis avec un petit éclat, « en me prenant mes enfants. Mais je suppose que vous serez plus heureux ; et tu sais, comme le dit Arthur, je me soucie un peu de *toi* .

LA FIN.